JN437179

개정판

Travel Consultant 길라잡이

국제항공발권실무

이 형 섭 저

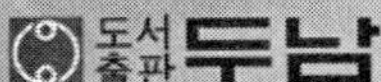

머리말

관광분야 특히 국제관광에 관심있는 학습자들이 관련업계 진출 시 필수적으로 다루어야 하는 프로그램이 항공예약 발권을 위한 GDS System 이며, 그 중 대표적인 프로그램 하나가 Topas sell connect로써 본 교재는 이 시스템을 기본하고. 특히 토파스 여행정보(주)의 발권실무, 아시아나 에바카스의 항공운임, 월드스팬의 발권실무, Galileo의 발권실무 그리고 IATA의 Ticketing handbook등 주요 관련서적들을 참고하였다. 저자가 1987년 이래 현업에서 항공 발권 업무를 실제 담당하고 그리고 대학에서 발권 실무를 강의해 오면서 느낀 점 중의 하나가 학습자들이 항공 예약과정은 그런대로 흥미있게 관심을 가지면서 강의에 열중하는데 비해 운임산출 및 이티켓 발권을 포함하는 항공발권과정은 비교적 어렵게 인식하고 있다는 것이다.

따라서 어떻게 하면 우리 학습자들에게 좀 더 항공발권 과정에 흥미를 가져다 줄 수 있겠는가란 화두와 무엇보다도 10년 전 부터 필자가 국제관광업계에 제안해왔던 **Travel Consultant**로서의 완성에 미력하나마 도움이 되고자 본 졸저를 출간하게 되었고 또한 자격증제도가 타 분야 보다 턱없이 적은 우리업계에 2014년 부터 대한항공의 자회사인 토파스 여행정보(주)에서 정부 관련부처로 부터 자격증제도를 인허 받아 드디어 실시하게 되어 국제관광에 관심 있는 학습자에게 더 이상 이 과목의 중요성을 설명할 필요가 없을 것 같다.

本書가 지향하는 목표는 국제관광 **Travel Consultant**로서의 완성을 이루기 위한 기초를 단단하게 함양하는데 있고 본 저자는 다음 3가지를 필수 조건으로 생각하며, 첫째 무엇보다도 중요한 것은 남을 먼저 배려하는 올바른 인성을 갖추어야 하고 둘째 적정한 어학실력이 요청되며 마지막으로 국제관광의 핵심인 국제선 항공운임 체계를 이해해야 한다는 것이다.

국제 패키지 여행이나 상용출장은 전통적으로 무형의 상품이라 불리우며 복잡한 무형의 상태를 하나로 함축, 정리하여 주는 증표중의 하나가 바로 항공권(E-Ticket)이다. 그 항공권을 최종적으로 도출하기까지 고객과 지속적 상담하게 되며 정보 제공자는 해당 공항의 입출국 절차의 정보, 고객이 방문하고자 하는 도시의 문화와 세부정보, 까다로운 항공 법규, 비자 및 여권 정보, 어학 능력등을 기본적으로 갖추어야 하고 이러한 일련의 과정을 좀 더 정밀하게 성취하기 위해서 국제항공운임의 체계를 반드시 숙지해야 하며 그 결과 완성된 관광전문가로서의 입지를 더욱더 탄탄하게 갖출 수 있다고 생각한다.

본 교재에서는 정보제공자로서 갖추어야 할 중요조건 중 하나인 운임산출 체계를 처음 입문하는 학습자의 입장에서 최대한 이해가기 쉽도록 구성하였다. 제1장 항공운임의 기본 제2장 항공운임의 산출과정 제3장 항공운임의 종류 제4장 Fare System 제5장 E-Ticket 발행업무 제6장 E-Ticket 재발행(Revalidation)과 부록순으로 엮었으며 크게 제1장에서 3장까지는 항공운임의 구조 및 산출과정으로 발권과정 입문 학습자에게 제일 중요한 부분이 될 것이며, 제4장에서 제6장까지는 실전 Topas sell connect 이용 과정을 그리고 부록에는 항공예약발권사무원 자격증 취득에 예상되는 이론과 실기 문제를 제시하였다.

끝으로 모든 인간이 하는 일이 그렇듯이 Travel Consultant로서의 가는 길이 하루아침에 급조되어서 만들어질 수 있는 성질의 것이 아니기 때문에 어렵더라도 관심을 가지고 꾸준히 한 걸음씩 나아가다 보면 반드시 인간 삶에 있어서 필요하고 당당하고 건전한 직업의 한 부분이 될 수 있다는 확신을 드리며 아무쪼록 미흡하지만 본 교재를 통하여 항공업 및 국제관광 관련업체에 종사하고자 하는 학습자에게 많은 도움이 되기를 바라며, 본서의 출간을 도와주신 도서출판 두남의 전두표 대표님과 항상 긍정적인 출판 조언을 해주시는 이승구 상무님 및 임직원 여러분께 감사드린다.

2014년 1월

이 형 섭

차 례

CHAPTER 1 항공운임의 기초

CHAPTER 2 항공운임의 산출

CHAPTER 3 운임의 종류

CHAPTER 4 Fare System

CHAPTER 5 E-Ticket 항공권 발행업무

CHAPTER 6 항공권 재발행(Revalidation)

부 록 항공운임 산출 이론 및 실기 예제

Chapter 1

항공운임의 기초

1. 항공지리
2. 여행의 방향성
3. 여정의 종류
4. 운임의 설정
5. 운임의 적용
6. 통화 규정
7. 판매 지표

Chapter

1 항공운임의 기초

1. 항공지리

1) IATA의세계

IATA는 항공운임 및 그와 관련한 운임규정의 결정을 위해 편의상 세계를 3개 지역(AREA1, AREA2, AREA3)으로 구분하여 각 지역별로 운송회의(Traffice Conference)를 운영하고 있다. 각 지역은 이러한 운송회의의 약자를 따서 TC1, TC2, TC3, 지역으로 호칭되기도 하며 관할 지역 내의 운임 및 제반규정 등을 제정하고 출발국가의 승인을 받은 후 공시운임으로 사용하게 된다(참고로 대한민국은 건설교통부에서 관장). 또한 각각의 AREA는 다시 몇 개의 SUB AREA로 나뉘어져 항공운임 계산 및 규정 적용이 명료하게 이루어지도록하고 있다.

★ IATA : International Air Transporation Association 국제 민간항공운송기구

2) IATA AREA 구분

	AREA	SUB AREA
서반구(WH) Western Hemisphere	AREA 1	North America Central America South America Caribbean Islands
동반구(EH) Eastern Hemisphere	AREA 2	Europe Africa Middle East
	AREA 3	Korea/Japan South East Asia South Asian Sub Continent South West Pacific

3) 지도를 통한 IATA AREA 구분

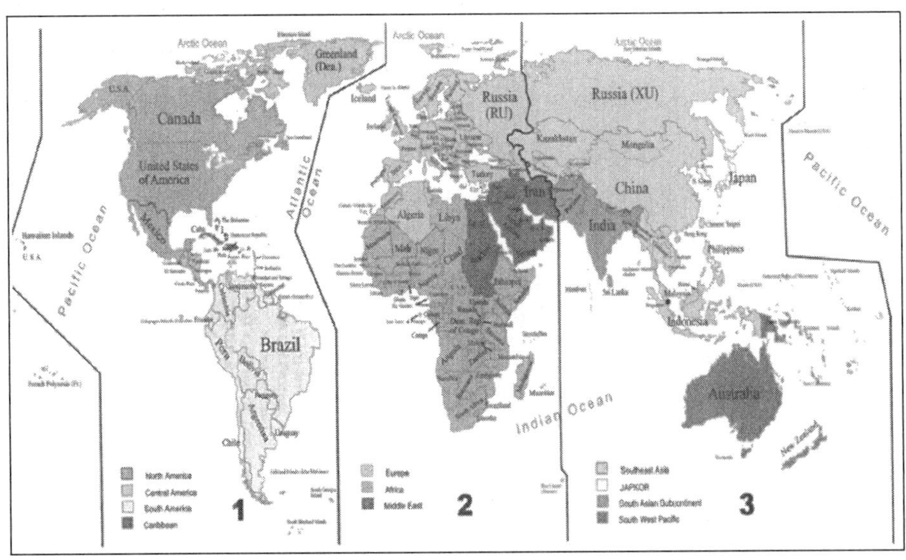

(지도 1-1)

4) 지역별 주요국가

(1) AREA 1

① 북미(North America)

U.S.A.(Alaska, HAWAII, Puerto Rico and US Virgin Islands 포함)
Canada, **Mexico**, ST.Pierre and Miqueion

주의 멕시코는 중미지역에 위치하지만 항공지리 구분에서는 북미에 위치한다.

② 중미(Central America)

Belize, Costa Rica, El Salvador, Honduras, Guatemala, Nicaragua

③ 남미(South America)

Argentina, Bolivia, Brazil, Chile, Colombia, Ecuador, french Guayna, Panama, Paraguay, Peru, Uruguay, Venezuela

④ 카브리해 지역(Caribbean Islands)

Bahamas Bermuda, Caribbean Islands, French Guiana Guyana Suriname, Caribbean islands,Anguilla, Antigua and Barbuda, Aruba, Barbados, Cayman Islands, Cuba, Dominica,Domincan Republic, Grenada, Guadeloupe, Haiti, Jamaica, Martinique, Montserrat, Netherlands Antilles, St.Kitts and Nevis, St.Lucia, St.Vincent and The Grenadines, Trinidad and Tobago, Turks and Caicos Islands, Virgin Islands-British

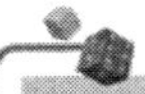

주의

AREA1의 또 다른 분류

① North Atlantic Sub-Area
USA(Alaska, Hawaii, Puerto Rico and US Virgin Islands)
Canada Greenland Mexico

② Mid Atlantic Sub-Area
Caribean Area, Central America, South America(Panama Canal Zone 포함, ABCPU 제외)

③ South Atlantic Sub-area(ABCPU)
Argentina Chile Uruguay Brazil Paraguay

(2) AREA 2

① Europe

Albania, Algeria, Andorra, Armenia, **Austria**, Azerbaijan, Belarus, **Belgium**, Bosnia & Herzegovina, Bulgaria, **Cyprus, Czech Republic, Denmark, Estonia**, Faroe Islands, **Finland**

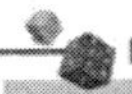

☞ Subgroups

- ECAA(European Common Aviation Area): 29개국(굵은 글씨 표기 국가)
- EMU(European Economic and Monetary Union) : Austria, Belgium, Finland, France(유럽이외의 프랑스령 포함), Germany, Greece, Ireland, Italy, Luxembourg Netherlands, Portugal, Spain
- Scandinavia, Denmark(Greenland 제외) Norway, Sweden
- 유럽내 전국가, Turkey, Russia(우랄산맥 서쪽지역)
- 아프리카 대륙일부: Algeria, Moroco, Tunisia

② 중동(Middle East)

Bahrain, **Egypt**, Iran, Israel, Jordan, Kuwait, Lebanon, Qatar, Saudi arabia, **Sudan**, Syrian arab republic, UAE(Abu dhabi, Ajman,dubai, Fujairah, Ras AI Khaimah, Qaiwain, Umm AI), Yemen

주의 이집트와 수단은 지리적으로는 아프리카 대륙에 속하지만 세부 항공 지리에서는 중동에 속한다.

③ 아프리카

- **Central Africa** : Malawi, Zambia, Zimbabwe
- **Eastern Africa** : Burundi, Dhibouti, Eritrea, Kenya, Rwanda, Somalia, Tanzania, Uganda
- **South Africa** : Botswana, Lesotho, Mozambique, Namibia, South africa, Swaziland
- **Indian Ocean Islands** : Comoros, Madagascar, Mauritius, Mayotte, Reunion, Seychelles
- **Libya** : Libyan Arab Jamahiriya
- **Western Africa** : Angola, Benin, Burkina, Faso, Cameroon, Cape verde, Central africa republic, Chad, Congo(brazzaville), Congo(kinshasa), Cote D'lvoire, Equatorial Guinea, Gabon, Gambia, Ghana, Guinea, Guinea Bissau, Libera, Mali, Mauritania, Nigar, Nigeria, Sao Tome and Principe, Senegal, Sierra Leone, Togo

(3) AREA 3

① Korea/Japan(KOJAP)

Korea

Japan

② 동남아시아(SEA: South East Asia)

Brunei Darussalam, Cambodia, China, Chrismas Islands, Cocos(Keeling) Islands, Guam, Hongkong SAR, Indonesia, Kazakhatan, Kyrgyzstan, Laos, Macao SAR, Malaysia, Marshall Islands Micornesia, Mongolia, Myanmar, Northern Mariannas, Palau, Philippines, Russia(in Asia) Singapore, Tajikistan, Thaliand, Timor Leste, Turkmenistan, Uzbekistan, Vietnam

 SAR : Special Administrative Region of China

☞ Subregions

- ASEAN(Association of South Asian Nations), Brunei, Indonesia, Laos, Malaysia, Myanmar, Philippines, Singapore, Thailand, Vietnam,
- Micronesia Carolineislands, Kwajalein, Popnape, Rota, Tinian, Yap

③ 남아시아 지역(SAS : South Asian Subcontinental)

Afghanistan, India(Including and Aman Islands) Pakistan, Bangladesh, Maldives, Sri Lanka, Bhutan, Nepal

④ 남서태평양지역(SWP : South West Pacific)

American Samoa, Australia, Cook Islands, Fiji, French Polynesia, Kiribati, Nauru, New Caledonia, New Zealand, Niue, Norfolk Island, Papua New Guinea, Samoa, Solomon Islands, Tonga, Tuvalu, Yanuatu, Wallis & Futuna Islands

2. 여행의 방향성(GI : Global Indicator)

항공운임은 동일한 두 지점사이의 여정이라 할지라도, 고객이 실제 여행하는 방향에 따라 서로 다른 운임 수준이 적용된다. 예를 들어 인천에서 뉴욕까지의 운임은 태평양을 횡단하는 운임과 대서양을 횡단하는 운임 2가지가 공시되어 있으므로 승객의 여행 방향에 따라 적합한 운임을 적용해야하는 것이다. 따라서 정확한 운임을 적용하기 위해서는 승객의 여행 방향에 대한 판단이 선행되어야 하는데, 이를 위하여 여행의 방향성을 지표화 하여 사용하고 있다. 이를 여정지표 (Global Indicator : GI)라 한다.

GI	적용	적용 여정의 예
PA	Via Pacific TC1-TC3간의 태평양횡단여정	ICN-HNL-LAX-NYC ICN-SEA-IAD
AT	Via Atlantic TC2/3-TC1간의 대서양횡단여정	ICN-PAR-NYC NYC-PAR-SEL
AP	Via Atlantic& Pacific 대서양과 태평양을 동시횡단여정	ICN-NYC-PAR-LON-SEL JFK-PAR-SEL-LAX
EH	Within Eastern Hemisphere Routing TS, RU, FE를 제외한 동반구내의여정	ICN-HKG-KUL-PAR SEL-CAI-MOW
WH	Within Weastern Hemisphere Routing 서반구내 여정	LAX-NYC-MIA-SAO HNL-SEA-ORD-TPA
TS	Trans Siberian Routing Between Euroup & KORJAP 한국/일본과 유럽간의 시베리아 횡단여정	ICN-PAR-ZRH-FRA TYO-ZRH-LON
RU	Russian Routing(Direct Route Between Russia & KORJAP) 한국/일본과 러시아간의 Direct여정	SEL-MOW SEL-MOW-LED
FE	Far East Routng KORJAP를 제외한 TC3와 우랄산맥 서쪽 러시아/Ukraine Direct 여정	HKG-BKK-MOW SEL-HKG-MOW

PN	Between SWP & S/A which is via N/America but not Via North and Central Pacific 대양주와 남미간의 여정으로 북태평양 경유 여정	SYD-LAX-RIO BUE-SAO-JFK-SYD
SA	Between ABCPU&SEA via Atlantic and via points in C/A, S/A, Indian Ocean Islands only or via Direct Service ABCPU와 동남아간의 여정으로 중앙아프리카/남아프리카를 경유하거나 인도양을 직행편으로 경유하는 여정	RIO-HKG SAO-JNB-BKK

해설 대양 우선의 법칙

항공여정의 특성상 하나의 여정에 여러 개의 방향지표가 복합되어 있는 경우에는 Ocean(Atlantic, Pacific) 횡단을 우선기준으로 한다. 즉 서울-뉴욕-파리구간을 여행하는 경우 서울/뉴욕은 태평양을 (PA), 뉴욕/파리는 대서양(AT)를 횡단하게 된다. 이처럼 대양을 모두 횡단하는 여정인 경우에는 AP가되며, 서울-파리-뉴욕의 여정은 경우는 첫 번째 마디는 TS여정이고, 두 번째 마디는 AT인데 대양횡단우선의 법칙에 의하여 SEL-PAR-NYC의 GI는 **AT**로 표시되는 것이다

주의

- AREA 2와 AREA 3간의 여정의 경우 : **AP 〉TS 〉FE** 또는 **RU 〉EH**

  MOW - SEL - TYO : RU(RU, EH에 해당되나 "RU"적용)
  (RU) (EH)

- MOW - BJS - SEL : FE (FE, EH에 해당되나 "FE"적용)
  (FE) (EH)

- TPM 적용 할때는 해당 도시간의 GI를 적용하고 MPM을 적용 할때는 출발도시와 목적지 도시간의 GI를 적용한다.
- Topas sell connect 시스템에서는 아래와 같은 Entry 통해서 알아볼 수 있다.

FQMSELJFKPAR

응답화면

```
>FQMSELJFKPAR
>FQM   SEL   NYC   PAR

CTY   DC   TPM   CUM   MPM  DC LVL  (HGL  )LWL   25M  XTRA

SEL  3
NYC 1 PA   6879   6879   8254   PA   0M   1375      0 10317      0
PAR 2 AT   3635 10514 12021   AP   0M   1507      0 15026      0
```

해설 상기여정의 GI는 대양우선의 규정에 의해 **AP**로 결정된다.

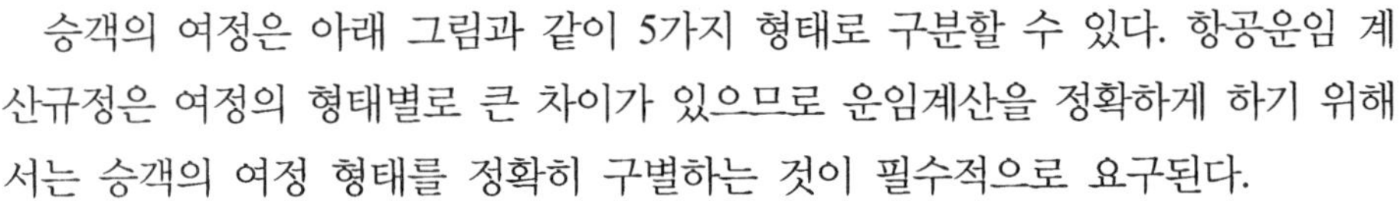

3. 여정의 종류

승객의 여정은 아래 그림과 같이 5가지 형태로 구분할 수 있다. 항공운임 계산규정은 여정의 형태별로 큰 차이가 있으므로 운임계산을 정확하게 하기 위해서는 승객의 여정 형태를 정확히 구별하는 것이 필수적으로 요구된다.

	형 태	표 시	설 명
1	One Way	OW	편도여정
2	Round Trip	RT	왕복여정
3	Circle Trip	CT	일주여정
4	Round The World Trip	RTW	세계일주여정
5	Open Jaw Trip	OJT	가위벌린여정

1) One Way(편도여정 OW)

여행을 시작한 후 최종 목적지에서 출발지로 돌아가지 않음을 의미한다. 즉 왕복여정과 일주여정을 제외한 모든 운임을 의미한다.

세부특징

- 출발지 (Origin)과 도착지 (Destination)가 서로 다른 여정
- 출발지나 도착지에서 국제선 구간에 비 항공운송구간(Surface Break)이 발생한 여정

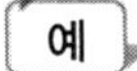

1. SEL-TYO
2. SEL-TYO-HNL-LAX-TYO
3. SEL-TYO-HKG-TPE

2) Round Trip Journey(왕복여정 RT)

한 지점(도시)에서 시작해 그 같은 지점(도시)으로 돌아오고 운임마디가 2개로 구성된 여정이면서 **Outbound**와 **Inbound**여정의 운임이 같고 **Fare Break**이 **Surface**에서 일어나지 않아야 한다.

세부특징

- 출발지와 도착지가 동일
- 여정 중 비항공운송구간이 없다.
- 두개의 국제선 운임마디로 구성되어있다.

① SEL-BKK-SEL

SEL		
BKK	YY	623.89 Y-CLS
SEL	YY	623.89 Y-CLS

② Y-CLS SEL-HKG-BKK-SEL

SEL			
HKG	YY	M	
BKK	YY	623.89	Y-CLS
TPE	YY	M	
SEL	YY	623.89	Y-CLS

3) Circle Trip Journey(일주여정 CT)

한 지점(도시)에서 시작해 그 같은 지점(도시)으로 돌아오고 **운임마디가 2개 혹은 그 이상**으로 구성된 여정이면서 **Outbound**와 **Inbound** 여정의 요금이 **상이**(相異)하며 여정중 비항공운송 구간이 없다.

세부특징

- 출발지와 도착지가 동일하다.
- 여정 중에 비항공운송구간이 없다,
- 운임마디가 두개 또는 그 이상으로 구성되어 있다
- Outbound 운임과 Inbound 운임이 다른 여정이다.

① SEL-MNL-HKG-SEL

SEL			
MNL	YY	427.79	Y-CLS
HKG	YY	5M	
SEL	YY	449.17	Y-CLS

② SEL-HKG-TYO-SEL

SEL			
HKG	YY	427.79	Y-CLS
TYO	YY	476.08	1/2YRT
SEL	YY	303.38	1/2YRT

해설 여정의 정의에서 알 수 있듯이, 왕복 여정과 일주 여정의 구분은 운임 계산을 완료하기 이전에는 구분하기 곤란한 경우가 많다.

4) Round The World Trip(세계일주여정 RTW)

일주여정의 일종으로 일정한 방향으로 계속적으로 항공여행을 하면서 대서양과 태평양을 횡단하는 여정을 의미한다.

세부특징

- 형태상으로 일주여정과 동일하다.
- 연속적으로 동반구나 서반구 한 방향으로 진행되며 대서양과 태평양을 횡단하는 여정

① SEL-BKK-AMS-JFK-TYO-SEL

SEL		
BKK	YY	
AMS	YY	GI : EH
JFK	YY	
TYO	YY	
SEL	YY	GI : AP

5) Open Jaw Trip(가위벌린여정 OJT)

여정의 형태가 왕복여정의 성격을 가지고 있으나 편도여정에 속하는 여정형태이다.

① 출발지 가위벌린 여정(Origin Single Open Jaw Trip : OSOJT)

나가는 여정의 출발지와 돌아오는 여정의 도착지가 다른 여정

예제 SEL-TYO-PUS

SEL		
TYO	YY	
PUS	YY	

② 전환지 가위벌린 여정(Turn-Around Single Open Jaw Trip : TSOJT)

나가는 여정의 도착지가 돌아오는 여정의 출발지와 다른 여정, 항공예약에서는 Surface (ARNK) 생성

예제 SEL-TYO×OSA-SEL

SEL		
TYO	YY	
OSA	//	Surface
SEL	YY	

③ 양쪽 가위벌린 여정 (Double Open Jaw Trip : DOJT)

나가는 여정과 돌아오는 여정의 양쪽 출발지와 목적지가 모두 다른 여정 항공예약에서는 Surface (ARNK) 생성된다.

예제 SEL-TYO×OSA-PUS

SEL		
TYO	YY	
OSA	//	Surface
PUS	YY	

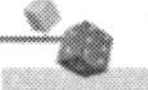

TIP

대한항공과 아시아나항공은 KE와 OZ으로 표기되는데 YY란 모든 항공사를 표기하는 대체 코드이며, 부호 // 와 × 표기는 비항공 운송구간을 의미한다.

상기그림에서 SEL-TYO 구간에 YY가 명시되어 있는데 이는 대한항공 포함 동구간 운행하는 모든 항공사 탑승이 가능하다.

4. 항공운임의 설정

1) 개요

국제선 운임은 각 국 항공사가 1차 제안 후 IATA 운임 조정회의의 만장일치 결의를 통해 결정되며, 이를 각 국 정부가 인가함으로써 비로소 그 효력이 발생하게 되며 만약 관계국 중 어느 한 국가라도 해당운임의 승인을 거부할

경우 IATA 운임으로서 효력을 상실케 된다. 항공운임의 신설, 폐기 또는 인상, 인하는 IATA 회의를 통하여 이루어지게 되며 아래와 같은 내용이 주 고려대상이 된다.

2) 운임 설정의 주요 고려대상

▪ 운항거리

항공운임은 기본적으로 운항거리에 따른 비용을 감안하여 운항거리가 길수록 운임의 증가율이 낮아지는 제도에 기초해 결정된다. 그러나 동일 Area의 주요도시들의 운임을 균일화시키는 균일제의 원리가 보완적으로 사용되기도 한다.

▪ 출발지 국가의 사회 경제적 수준

항공운임은 주로 출발지국 통화로 결정되기 때문에 출발지 국가의 통화가치, 경제적 수준, 기타 교통수당의 운임 등 해당 국가의 사회, 경제적 수준을 고려하여 결정된다.

▪ 탑승률

과거의 운송실적, 운항 편수등의 요인도 운임 결정시 고려되는 요인이다.

▪ 예상수요

해당구간의 장기적인 수용에 대한 전망도 운임 결정시 주요 고려요인

▪ 관련국 및 관련 항공사의 정책

운항 상대국의 항공사정책, 경쟁 항공사의 판매정책등도 운임 결정에 주 고려대상이다.

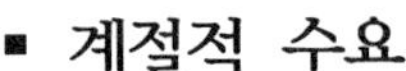

■ **계절적 수요**

계절 변동에 따른 수요의 彈力性을 감안하여 성수기, 비수기 운임을 별도로 公示하기도 한다.

5. 운임의 적용

1) 운임의 적용 방향

항공운임은 출발지 국가의 통화로 공시되어 있어 동일 도시간이라 하더라도 여행 방향에 따라 운임이 달라진다. 예를 들어 SEL → TYO (Y) 운임 KRW 243,400인데 비해 TYO → SEL (Y) 운임은 JPY46900으로 약 2배의 차이가 나는 것이다. 따라서, 항공운임 산출시 운임의 적용방향은 중요한 의미를 가지게 되며, 이에 대한 일반적인 원칙이 필요하게 된다. 일반적으로 여러 개의 운임마디로 구성된 여정의 경우 각 운임마디에 대해 여행의 진행 방향대로 운임을 적용하게 되나, 다음과 같은 경우에는 여행 진행의 반대 방향으로 운임을 적용한다.

(1) 출발지 국가로 돌아오는 운임마디

예1
SEL ↓
TYO
SEL ↑

예2
TYO ↓
TPE
OSA ↑

예3
SEL ↓
TYO
×
OSA
PUS ↑

예4
SEL ↓
TYO ↓
HKG ↓
OSA
SEL ↑

주의 화살표시는 항공운임의 적용방향을 의미한다.

(2) 동일지점이 Outbound와 Inbound에 운임 결합 지점으로 사용된 여정(거울여정)

주의 단 여정의 종류가 CT, OJT이며 미국과 캐나다 간 운임마디와 스칸디나비아 3국 내의 운임 마디에서는 실제 여정의 진행 방향대로 운임을 적용한다.

2) 운임의 선택

Tarriff 책자에는 대부분 편도(OW운임) 기준으로 공시되어 있으나, 왕복운임(RT)이 별도로 공시되어 있는 경우도 있다. 왕복운임을 적용 시에는 해당 운임마디에 그 절반 운임(1/2 RT운임)을 적용하게 된다. 운임마디에 편도운임(OW운임)을 적용하느냐, 왕복의 절반운임(1/2 RT운임)을 적용하느냐 여부는 전체 여정의 형태에 따라 결정한다.

(1) 1/2 RT 운임 적용 여정(RT)

- 왕복여정(RT)
- 일주여정(CT)
- Normal Open Jaw Trip(OJT) : 국제선 운임 마디가 2개이고, 비 항공운송 구간이 **국내선** 구간인 여정이며 특히 Turnaround Open Jaw Trip인 경우 Surface Sector는 두 운임마디 중 짧은 구간의 Flown 거리를 초과해서는 안된다.

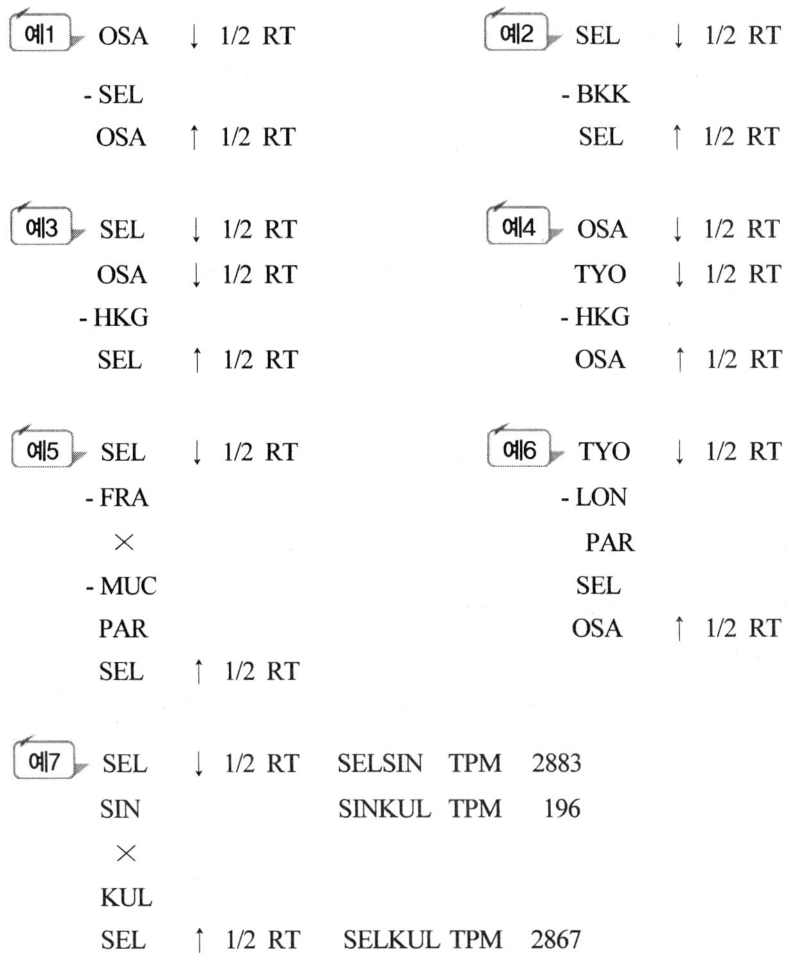

예1
OSA ↓ 1/2 RT
- SEL
OSA ↑ 1/2 RT

예2
SEL ↓ 1/2 RT
- BKK
SEL ↑ 1/2 RT

예3
SEL ↓ 1/2 RT
OSA ↓ 1/2 RT
- HKG
SEL ↑ 1/2 RT

예4
OSA ↓ 1/2 RT
TYO ↓ 1/2 RT
- HKG
OSA ↑ 1/2 RT

예5
SEL ↓ 1/2 RT
- FRA
×
- MUC
PAR
SEL ↑ 1/2 RT

예6
TYO ↓ 1/2 RT
- LON
PAR
SEL
OSA ↑ 1/2 RT

예7
SEL ↓ 1/2 RT SELSIN TPM 2883
SIN SINKUL TPM 196
×
KUL
SEL ↑ 1/2 RT SELKUL TPM 2867

해설 비항공운송구간(Surface Sector)인 SINKUL의 TPM은 SELKUL 구간의 TPM보다 작으므로 1/2RT 운임 적용 가능하다.
상기 예에서 SELKUL이 SELSIN 구간보다 짧기 때문에 비교대상이 되며 만약 비교하여 비항공운송 구간이 더 큰 경우는 OW운임을 각각 적용해야 한다.

(2) OW 운임 적용여정

1/2RT 운임을 적용하지 않는 모든 여정에 적용한다.

예1
SEL ↓ OW
- TYO ↓ OW
BKK

예2
TYO ↓ OW
- ZRH
×
- FRA ↓ OW
BKK

* USA와 CANADA는 Same Country로 간주한다.
* SCANDINAVIA3국(Denmark, Norway, Sweden)은 Same Country로 간주한다.

★ 적용 운임의 종류 결정 – OW 또는 1/2 RT(정상 운임 사용 조건)

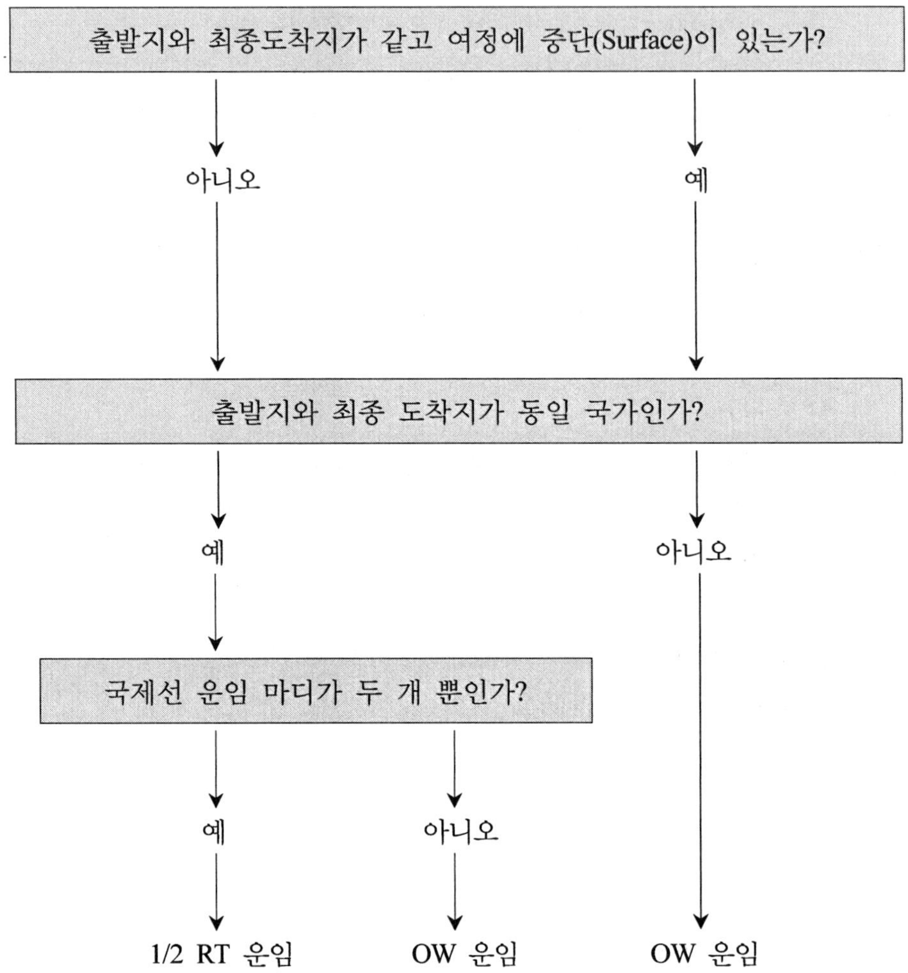

6. 통화 규정(Currency Regulation)

항공운임은 원칙적으로 출발지 통화를 기준으로 하여 공시되어 있다. 그러나 베트남, 인도네시아, 콜럼비아 등과 같은 특정 국가에 대해서는 US Dollar와 같은 경화(Hard Currency)로 표기될 수 있다. 승객의 여정이 단순 편도 혹은 단순 왕복이라면 공시된 출발지국 통화 운임으로 직접 징수 할수 있으나, 출발지와 최종목적지까지의 여정 중 어떤 지점들을 경유하여 여행하는 경우라면 합리적인 운임산출을 위하여 공통적인 단위로 운임을 환산할 필요가 생긴다. 이와 같은 환산 작업을 위하여 통화규정(Currency Regulation)이 설정되어 있으며 에어태리프(Air Tariff)의 Fare Book에 공시되어 있다.

1) 통화 규정의 변천

(1) 기본통화(USD/GBP)에 의한 설정(과거-1973. 1)

- 모든 구간 운임을 USD/GBP로 공시
- Banker's Rate에 의해 지불 통화로 환산
- 1973년도 유류 파동으로 이한 기본통화가치의 안정성 결여를 이유로 새로운 운임설정 방식의 도입이 불가피하여 졌음.

(2) FCU와 환율제도(1973. 2-1989. 6)

- 모든 구간의 운임을 FCU(Fare Construction Unit)로 설정
- 통화 조정시 IATA Conversion Rate 적용, 출발지국 통화로 환산
- 복잡한 계산 방식, 각국 통화 가치의 미흡한 실세반영 및 사용자들에 의한 운임계산 규정의 약용 및 오용으로 말미암아 새로운 통화규정으로의 전환이 필요하게 되었다.

(3) NUC 제도(1989. 7-현재)

- 모든 구간의 운임을 NUC(Neutral Unit of Construction) 및 출발지국 통화로 환산
- 출발지국통화 운임을 NUC로 환산하거나 NUC를 출발지국 통화로 환산시에는 IATA ROE(Rate of Exchange)를 사용
- 운임의 결합 및 비교 등의 경우에는 NUC로 공시된 운임사용

2) NUC와 환율제도

항공사에서 사용되는 환율은 IATA ROE, BSR, BBR 등이 있다. 전체 여정에 대한 항공운임을 계산할 때에는 단일통화인 NUC(Neutral Unit of Construction)로 계산하기 때문에 계산된 공통통화 단위(NUC)운임을 다시 출발지국 통화로 환산해야 한다. 이때 사용하는 환율이 IATA ROE이다.

출발지국 통화로 계산된 항공운임을 그대로 받으면 되지만, 한국에서는 항공운임을 USD와 KRW로만 받을 수 있다. 이외의 통화로 받은 경우에는 실제로 은행에서 환전되는 일반 환율을 적용하여 받아야 한다. 이때 출발지국 통화와 지불하는 통화간에 교환율로 사용하는 환율이 BBR과 BSR이다.

	종류	해 설
1	BBR (Bank Buying Rate)	외국통화를 은행에 매도시 적용하는 환율 타국출발 운임을 KRW로 환산시 사용한다.
2	BSR (Bank Selling Rate)	외국 통화를 은행이 매입할 때 적용하는 환율 USD로 운임을 지불하는 경우 KRW를 USD로 환산시 사용한다.

(1) NUC제도

출발지국 통화운임과 NUC는 다음과 같은 공식에 의해 환산된다.

NUC = 출발지국 통화운임 ÷ ROE
출발지국 통화운임 = NUC × ROE

NUC로 운임을 표시할 경우는 소수 둘째 자리까지 표시하고, 출발지국 통화로 운임을 표시할 경우 끝자리는 각 통화마다 정해진 통화단위로 표시한다. 한편 매년 4회 변경 고시되는 ROE에 따라 NUC도 변경되고 출발일을 기준으로 적용한다.

(2) 환율제도

★ ROE (IATA 환율)

- IATA에서 설정한 환율을 ROE라 하며, ROE는 일정기간 동안의 각국통화와 USD의 환율을 산술 평균하여 매달 15일 이전 5일간의 평균치로 IATA CLEARING HOUSE에서 설정한다.
- ROE는 IATA에서 1년에 4회 발행되며 각 3개월간 동결되어 적용함을 원칙으로 한다.

	적용기간	발행시기
1회	1월 1일 - 3월 31일	11월
2회	4월 1일 - 6월 30일	2월
3회	7월 1일 - 9월 30일	5월
4회	10월 1일 - 12월 31일	8월

- ROE는 판매일을 기준으로 한다.
- ROE는 매 3개월 동안 동일한 Rate를 사용하되, 통화가치의 변동률 ±10% 이상일 경우에는 변경고시 될 수 있다.

- ROE의 사용은 출발 지국 통화로 되어 있는 운임을 NUC로 환산하는 경우와 운임 계산에 사용된 NUC를 출발지국 통화로 재환산하는 경우이다.

주의 출발지국 통화 운임 표기 시 끝자리 처리방법 실례

예1 NUC 246.84를 JAPAN의 통화로 환산(JPY)
JPY의 ROE : 146.38003
JPY의 R/U : 100

246. 84 × 146.38003 = 36132.4466(올림처리)

∴ JPY 36200

예2 NUC 690.31을 FRANCE의 통화로 환산(FRF)

FRF 의 ROE : 5.97704
FRF 의 R/U : 5

690.31 × 5.97704 = 4126.01048(5단위로 올림 처리)

∴ FRF 4130

예3 NUC 842.49를 USD 로 환산

USD 의 ROE : 1.00
USD 의 R/U : 1.00

842.49 × 1.00 = 842.49 (USD인 경우 반올림 처리)

∴USD842.00

★ 주요국가의 통화 CODE 및 ROUNDING UNIT

국 가	통화 CODE	통 화 명	R/U	비 고
Australia	AUD	Dollar	1	
Austria	ATS	Schilling	10	
Bahrain	BHD	Dinar	1	
Belgium	BEF	Franc	10	
Canada	CAD	Dollar	1	반올림 처리
China	CNY	Yuan renminbi	10	
Denmark	DKK	Krone	5	
Finland	FIM	Markka	5	
France	FRF	Franc	5	
Germany	DEM	Mark	1	
Greece	GRD	Drachma	100	
Hongkong	HKD	Dollar	10	
India	INR	Rupee	1	
Italy	ITL	Lira	1000	
Japan	JPY	Yen	100	
Malaysia	MYR	Ringgit	1	
Netherlands	NLG	Guilder	1	
New zealand	NZD	Dollar	1	
Norway	NOK	Krone	5	
Portgugal	PTE	Escudo	100	
Saudi Arabia	SAR	Riyal	1	
Singapore	SGD	Dollar	1	
Spain	ESP	Peseta	50	
Sweden	SEK	Krone	5	
Switzerland	CHF	Franc	1	
Taiwan	TWD	Dollar	1	
Thailand	THB	Baht	5	
United Kingdom	GBP	Pound	1	반올림 처리
U.S.A	USD	Dollar	1	반올림 처리
모든유럽국가	EUR	EURO	1	

☞ KRW 는 100 단위를 기준으로 올림 처리함.

7. 판매 지표(International Sale Indicator: ISI)

항공권은 최초 출발지 국가에서 판매, 발권되는 것이 일반적이나, 승객의 요청에 따라 최초 출발지 국가 이외의 국가에서 판매 또는 발권이 이루어지는 경우도 있다.

이러한 경우 출발지국 내에서 판매, 발권 되는 경우와 일부 다른 운임 산출 규정이 적용되므로 출발지국과 판매지국간의 관계를 지표화 하여 정확한 운임 계산이 이루어지도록 하고 있다.

(판매 지표의 예)

판매 지표	판매지	발권지
SITI	출발지국 내	출발지국 내
SOTI	출발지국 외	출발지국 내
SITO	출발지국 내	출발지국 외
SOTO	출발지국 외	출발지국 외

* PTA CASE

PREPAID TICKET ADVICE란 타 도시에 거주하고 있는 승객을 위하여 항공운임을 사전에 지불하고, 타 도시에 있는 승객에게 항공권을 발급하여 주도록 하는 제도이며 이 티켓이 발행 안 되는 지역이나 항공사가 있는 경우 사용된다.

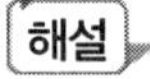

- 이티켓 최초 발행시 적용된 판매지표는 항공권의 ORIGIN/ DESTINATION난에 기재되며, 항공권 재발행의 경우에도 그대로 적용된다.
- 이티켓 발권의 영향에 따라 일부를 제외하고 판매지표의 Case 유형은 대부분 SITI와 SOTO이다.

Chapter 2

항공운임의 산출

1. Mileage System
2. Mileage System의 보완규정
3. Routing System

Chapter

2 항공운임의 산출

일반적으로 승객의 항공여정은 출발지점으로부터 다른 한 지점까지의 단순편도 또는 단순왕복의 여행형태보다는 최초 출발지와 최종 목적지 사이에 중간지점을 경유하는 여행의 형태를 띠게 된다. 항공운임의 계산은 이러한 특성을 고려하여 고안되었으며 일반적으로 항공운임의 산출 방법에는 거리제도에 따른 Mileage System과 경유지와 경유항공사를 기준으로 계산하는 Routing System이 있다.

1. Mileage System(승객이 여행한 거리에 따라 운임 산출하는 방식)

1) 기본개요

Mileage System은 기본적으로 승객이 여행한 거리에 의해 운임이 결정되는 방식으로 승객이 실제 여행한 거리(TPM)과 최대허용거리(MPM)을 비교하여 운임을 그대로 적용하거나 또는 할증하는 방식으로 운임계산이 이루어진다.

2) 3대요소(TPM, MPM, EMS)

(1) TPM(Ticketed Point Mileage 실제발권구간거리)

- 승객이 여행하는 구간의 실제거리를 말하며 각 구간의 거리 합을 합산하여 최대허용거리인 MPM과 비교하게 된다.
- TPM은 항공편 운항중인 구간에만 설정되어있다.

(2) MPM(Maximum Permitted Mileage 최대허용거리)

- 출발지에서 해당 지점간의 공시운임으로 여행할 수 있는 최대허용거리를 뜻한다.
- 대개 해당구간의 실제거리보다 15-20% 정도 많게 설정되어 있어, 출발지에서 목적지까지의 운임으로 중간지점을 경유하더라도 운임의 변화 없이 여행할 수 있는 탄력성을 발휘하게 한다.
- MPM은 두 지점 사이에 항공기가 운항하지 않더라도 설정되어 있다.
- 방향지표(GI) 별로 다르게 공시되어 있다.

(3) EMS(Excess Mileage Surcharge 초과거리할증)

- 승객이 여러 지점을 경유할 때, 전체 발권구간거리의 합인 Total TPM이 MPM보다 큰 경우에 적용하는 것으로서 Total TPM이 MPM을 초과하는 비율을 계산하여 해당 운임마다 내 적용 운임을 단계별로 할증하게 된다.
- 운임할증은 5%, 10%, 15%, 20%, 25%의 5단계로 실시한다.

(거리 초과비율에 따른 할증률)

거리 초과비율	운임 할증율	운임적용
0% 초과 5% 이하	5%	해당운임 X 1.05
5% 초과 10% 이하	10%	해당운임 X 1.10
10% 초과 15% 이하	15%	해당운임 X 1.15

15% 초과 20% 이하	20%	해당운임 X 1.20
20% 초과 25% 이하	25%	해당운임 X 1.25
25% 초과	운임마디를 나누어 산출	

예 출발지/목적지 운임 : NUC1171.16

- MPM : 12573 MILE / TOTAL TPM : 14117 MILE
- EMS의 계산 : 14117 ÷ 12573 = 1.1228…⇒ 0.1228 × 100 = 12.28%
  (12.28%는 거리초과비율 10%~15%, 운임할증율 15% 해당)
- 운임할증 : NUC 1171.16 × 1.15 = 1346.83

(4) Mileage System의 기본 적용절차

〈Fare System을 이용한 운임계산〉

① 운임 조회 FQD Entry 이용하여 출발지와 목적지의 공시운임(NUC)을 확인한다.

② 출발지와 목적지의 MPM과 여정상의 각 구간 TPM을 찾아 합계(Total TPM)를 구한다.

③ 거리 조회 FQM Entry 이용하여 MPM과 Total TPM을 비교한다.

④ 비교 후 ⓐ MPM ≧ Total TPM인 경우 : 출발지/목적지 운임을 그대로 적용한다.

ⓑ MPM < Total TPM인 경우 : 초과거리 할증방법에 의거하여 할증치를 구한 후, 출발지/목적지 운임을 할증 적용한다.

⑤ 각종 Charge가 있는지 확인한다(S/O CHRG, HKG Q CHRG 등).

⑥ NUC로 계산된 운임을 출발지국 통화로 환산한다.

참고1

운임마디와 운임 분리지점

• 운임마디(Fare Component)

항공운임 계산과정에서 하나의 단위로 계산되는 구간들의 집합을 운임마디(Fare Component) 라 하며 , 이때 적용되는 운임을 Through Fare라 한다. 하나의 여정을 몇 개의 운임마디로 나누든지 관계없으나 일반적으로 운임마디가 적을수록 전체운임이 낮아지게 되므로 가능한 운임마디의 수를 줄이는 것이 바람직하다.

• 운임분리지점(Fare Break Point/ Fare Combination Point)

운임마디를 나누는 지점을 운임분리지점이라 하며, 여정상의 어떤 지점도 원칙적으로 운임분리지점이 될 수 있다. 일반적으로 왕복여정이나 일주여정의 경우는 출발지에서 가장 먼 지점이나 운임이 가장 높은 지점을 선정하게 되며, 운임마디의 구분이 필요한 편도여정의 경우에는 여정의 방향이 바뀌는 지점을 선정한다.

참고2

• Transfer(도중경유 T/F)

Tranfer(Connection)은 승객이 여행하는 여정 중에 중간에 항공기를 갈아타는 것을 말하며 승객의 전체 여정의 중간지점은 도중체류 지점(Stopover)과 도중통과지점(Transit)으로 구분 된다.

• Transit(도중통과 T/S)

승객이 항공편으로 여행하는 도중에 직행편이 없거나 기타사정으로 승객이 **비의도적**으로 어떤 지점을 도중체류하지 않고 당일 연결편으로 계속 여행하는 경우를 말한다. 그러나 보통 당일 연결편이나, 당일 연결편이 없을 경우는 도중 통과로 간주한다. 도중체류하지 않고 도중통과만 하는 지점은

항공권의 도시명 앞에 반드시 × 표시를 해야 한다.

- Stopover (도중체류 S/O)

도중체류(S/O)는 승객이 항공편으로 최종목적지를 가는 도중에 승객이 **의도적**으로 여행을 중단하거나 또는 도착 다음날 다음 도시로 가는 연결항공편이 있음에도 불구하고 해당도시에서 다음날 출발하는 것을 말하며, 도착 당일 연결항공편이 없는 경우는 도착시간으로부터 24시간 이상 머무르는 것을 의미한다.

참고3

Transfer의 총 횟수계산

- **Transfer 횟수계산**
  1. 운임마디별 출발지와 도착지점은 항공편을 갈아타는 곳이 아니므로 횟수에서 제외
  2. 모든 도중체류(S/O)는 지점은 도중체류 횟수에 포함
  3. "×" 마크가 있는 도중통과(Transit)지점은 도중경유횟수에 포함
  4. Fare Break Point는 도중체류 횟수에서 제외

- Stopover 횟수계산
  1. 운임마디별 출발지점과 도작지점은 도중체류 횟수에서 제외
  2. 비 항공운송구간 발생 시 도중체류 횟수는 앞뒤 도시를 합쳐서 한번으로 간주
  3. 비 항공운송구간 중 한 지점에서 운임 마디가 나누어지면 도중체류 횟수에서 제외
  4. "×" 표시되어있는 도중통과지점은 도중체류 횟수에서 제외
  5. Side Trip는 무조건 도중체류 한번으로 간주
  6. 운임분리지점도 도중체류 횟수에서 제외

3) 실전운임의 산출

(1) TPM의 합이 MPM보다 작고 Mileage System을 적용하는 경우: OM

문1-1 여정 : SEL - HKG - BKK
조건 : Y-CLS One Way

산출절차

① 출발지와 최종목적지간의 TPM과 MPM을 체크한다.

지시어

```
FQMSELHKGBKK
```

응답화면

>FQM SEL HKG BKK											
CTY	DC		TPM	CUM	MPM	DC	LVL	HGL	LWL	25M	XTRA
SEL	3										
HKG	3	EH	1295	1295	1554	EH	0M	259	0	1942	0
BKK	3	EH	1049	**2344**	**2743**	EH	0M	399	0	3428	0

해설
- SEL HKG 구간 TPM 1295
  HKG BKK 구간 TPM 1049 TMP 합 **2344**
- SEL BKK 구간 최대허용거리 MPM **2743**

② TPM과 MPM 비교

상기 경우 TPM 합 2344 < MPM 2743 이니 SEL BKK 구간 OW운임 그대로 적용

③ SEL BKK구간 운임체크 후 조건에 맞는 운임 선택

지시어

FQDSELBKK/AYY/R,NUC/IL,X

응답화면

```
FQDSELBKK/AYY/R,NUC/IL,X
ROE 1111.900 UP TO 100.00 KRW
13JAN15**13JAN15/YY SELBKK/NSP;EH/TPM  2286/MPM  2743
LN Fare Basis    OW     NUC  RT    B PEN  DATES/DAYS    AP MIN MAX R
01 YHPX15                845.92 + P10 S27NOV  31JAN    + 3+  15 M
02 YHEE1M               1043.42 +  -  S27NOV  31JAN    -  3+  1M M
03 Y                    1238.96 +  -    -       -      -  -   -  M
04 Y            681.44          +  -    -       -      -  -   -  M
```

해설 1년 편도 운임은 Fare Basis가 Y인 4번에 있는 NUC 681.44을 그대로 적용하면 되고 여기에다 ROE 1111.900을 곱하여 출발지국 통화인 KRW로 환산하면 된다.

④ NUC를 지불국 운임으로 환산

```
QC681.44NUC/KRW
CONVERSION OF NUC TO KRW
KRW 757700 - ROUNDED AS FareS
KRW 757693 - AMOUNT TRUNCATED
ROE USED 1 NUC = 1111.900 KRW EFF 01JAN15

ROUNDING OF FareS UP TO 100 KRW

NUC - NEUTRAL UNIT OF CONSTRUCTION
KRW - S.KOREAN WON
```

참조 상기여정에 거리제도를 적용하지 않는 경우

문1-2 여정 : SEL - HKG - BKK

조건 : Y-CLS One Way

① 각 구간별로 적용 가능한 OW운임을 여정의 진행 방향대로 체크한다.

첫 번째 구간인 SEL HKG 운임을 체크한다.

지시어1-1

FQDSELHKG/AYY/R,NUC/IL,X

응답화면

```
FQDSELHKG/AYY/R,NUC/IL,X
ROE 1111.900 UP TO 100.00 KRW
13JAN15**13JAN15/YY SELHKG/NSP;EH/TPM  1295/MPM  1554
*SURCHARGE OF HKD33 OR EQUIV IN NUC MAY APPLY DEPARTURE HKG*
LN Fare Basis    OW    NUC   RT   B PEN  DATES/DAYS     AP MIN MAX R
01 YHPX15              647.18 + P10 S27NOV  31JAN    + 3+  15 M
02 YHEE1M              797.54 +  -  S27NOV  31JAN    -  3+  1M M
03 Y                   849.52 +  -    -       -      -  -   -  M
04 Y           467.30         +  -    -       -      -  -   -  M
```

해설 4번에 있는 Fare Basis가 Y인 NUC 467.30을 선정

② 2번째 마디인 HKG BKK 구간도 여정의 진행 방향대로 체크한다.

지시어1-2

FQDHKGBKK/AYY/R,NUC/IL,X

응답화면

```
FQDHKGBKK/AYY/R,NUC/IL,X
MORE FareS AVAIL IN AUD
ROE 7.751830 UP TO 10.00 HKD
13JAN15**13JAN15/YY HKGBKK/NSP;EH/TPM  1049/MPM  1258
*SURCHARGE OF HKD33 OR EQUIV IN NUC MAY APPLY DEPARTURE HKG*
LN Fare Basis    OW    NUC   RT   B PEN  DATES/DAYS   AP MIN MAX R
01 YIF                1199.70 +  -     -      -        -   -   -  M
02 YIF         780.46         +  -     -      -        -   -   -  M
03 CIF                1866.64 +  -     -      -        -   -   -  M
```

- 2번에 있는 Fare Basis Y인 **NUC 780.46**를 선정한다.
- SEL HKG 구간 NUC 463.52에

③ SEL HKG NUC 463.52와 HKG BKK NUC 780.46를 더하면

적용운임: NUC 1243.98

상기 두 운임 산출법의 비교

① 거리제도 이용

FROM/TO		Fare
SEL	CARR	
HKG	YY	M
BKK	YY	**681.44**
	ROE	1111,900
TTL Fare CAL	NUC	
Fare		**KRW757700**

② 거리제도 이용하지 않은 경우

FROM/TO		Fare
SEL	CARR	
HKG	YY	**467.30**
BKK	YY	**780.46**
	ROE	1111.900
TTL Fare CAL	NUC	1243.98
Fare	**KRW1383200**	

해설 1번은 거리제도를 이용하여 운임마디를 하나로 해주었고 2번은 운임마디를 두 개로 나누어 구간별 적용운임을 합산하여 산출하였기 때문에 앞의 1번이 훨씬 저렴한 것을 알 수 있다. 때문에 거리제도에 의한 운임 산출 방법은 반드시 숙지하여야 한다.

(2) TPM의 합이 0%-5% 사이일때 : 5M

문 여정 : SEL - KUL - DPS
조건 : Y-CLS One Way

산출절차

① 출발지 목적지의 公示運賃(NUC)을 확인한다.

지시어1-1

FQDSELDPS/AYY/R,NUC/IL,X

응답화면1-1

```
>FQDSELDPS/AYY/R,NUC/IL,X
ROE 1120.972 UP TO 100.00 KRW
18NOV13**18NOV13/YY SELDPS/NSP;EH/TPM  3282/MPM  3938
LN Fare Basis     OW    NUC  RT    B PEN  DATES/DAYS   AP MIN MAX R
01 YLPX15                  956.92 + P10 S24SEP  26NOV   + 3+  15 M
04 Y             846.49           + -       -       -     - -   - M
05 C                      2226.98 + -       -       -     - -   - M
```

해설 출발지 최종목적지 공시운임 **NUC 846.49**

TPM : 3282 **MPM : 3938**

② 출발지/목적지의 MPM과 여정상의 각 구간 TPM을 찾아, 합계(Total TPM)을 구한 후 비교 한다.

지시어1-2

FQMSELKULDPS

응답화면1-2

```
>FQM   SEL   KUL   DPS

CTY   DC   TPM   CUM   MPM  DC LVL  (HGL  )LWL   25M  XTRA
SEL 3
KUL 3 EH  2867  2867  3440  EH  0M   573     0  4300     0
DPS 3 EH  1234  4101  3938  EH  5M    33   163  4922     0
```

해설
- SEL KUL 구간 TPM 2867
  KUL DPS 구간 TPM 1234 TPM 합 4101
- SEL DPS 최대허용거리 MPM은 3938
  따라서 이 여정은 **TPM > MPM이고 5% 할증**해야 한다.
- 5M : 적용 가능한 운임에 5% 할증해야함

③ Fare CAL

FROM/TO		Fare
SEL	CARR	
KUL	KE	**5M**
DPS	PR	**888.81**
	ROE	1120.972
TTL Fare CAL	NUC	**888.81**
Fare	**KRW996400**	

해설
- SEL과 최종목적지인 DPS의 적용가능한 일반석 OW 운임은 응답화면1-1에서 4번의 Fare Basis가 Y인 NUC 846.49이다.
- 응답화면 1-2에서 5M이 걸리므로 846.49에 5%를 할증해야 함으로 적용 NUC는 846.49.82 × 1.05 = 888.81이 된다.

(3) TPM의 합이 5%-10% 사이일 때 : 10M

문 여정 : SEL - MNL - BKK
조건 : Y-CLS One Way

산출절차

① 출발지 목적지의 公示運賃(NUC)을 확인한다.

지시어

FQDSELBKK/AYY/R,NUC/IL,X

응답화면1-1

```
 FQDSELBKK/AYY/R,NUC/IL,X
ROE 1120.972 UP TO 100.00 KRW
19NOV13**19NOV13/YY SELBKK/NSP;EH/TPM  2286/MPM  2743
LN Fare Basis     OW     NUC   RT    B PEN  DATES/DAYS    AP MIN MAX R
01 YLPX15                  764.24  + P10 S24SEP   26NOV    + 3+   15 M

04 Y              675.93              +  -      -       -      -  -    - M
05 C                    1785.76 +  -      -       -      -  -    - M
```

해설 • 출발지 최종목적지 공시운임 NUC 675,93
TPM : 2283 MPM : 2743

② 출발지/목적지의 MPM과 여정상의 각 구간 TPM을 찾아, 합계 (Total TPM)을 구한 후 비교한다.

지시어

FQMSELMNLBKK

응답화면1-2

```
>FQM   SEL   MNL   BKK

CTY   DC   TPM   CUM   MPM   DC LVL   HGL LWL   25M  XTRA
SEL 3
MNL 3 EH  1627  1627  1952  EH  0M    325    0  2440    0
BKK 3 EH  1364  2991  2743  EH  10M   26   111  3428    0
```

해설
- SEL MNL 구간 TPM 1627
  KUL DPS구간 TPM 1364 TPM 합 2991
- SEL DPS 최대허용거리 MPM 은 2743
  따라서 이 여정은 **TPM > MPM이고 10% 할증**해야 한다.
- 10M : 적용 가능한 운임에 10% 할증해야 함.

③ Fare CAL

FROM/TO		Fare
SEL	CARR	
MNL	KE	**10M**
BKK	PR	**743.52**
	ROE	1120.972
TTL Fare CAL	NUC	**743.52**
Fare	**KRW833500**	

해설 • SEL과 최종목적지인 BKK의 적용 가능한 일반석 OW 운임은 응답화면1-1에서 5번의 Fare Basis가 Y인 NUC 671.41이다.

• 응답화면 1-2에서 10M이 걸리므로 671.41에 10%를 할증해야 함으로 적용 NUC는 **675.93** × 1.10 = **743.52**이 된다.

(4) TPM의 합이 10%-15% 사이일 때 : 15M

문 여정 : SEL - TPE - BKK - SIN - DPS

조건 : Y-CLS One Way

산출절차

① 출발지 목적지의 公示運賃(NUC)을 확인한다.

지시어

FQDSELBKK/AYY/R,NUC/IL,X

응답화면

```
 FQDSELBKK/AYY/R,NUC/IL,X
ROE 1120.972 UP TO 100.00 KRW
19NOV13**19NOV13/YY SELBKK/NSP;EH/TPM  2286/MPM  2743
LN Fare Basis    OW    NUC  RT   B PEN  DATES/DAYS   AP MIN MAX R
01 YLPX15              764.24 + P10 S24SEP  26NOV   + 3+  15 M
04 Y           846.49         + -     -       -      - -   - M
05 C                  1785.76 + -     -       -      - -   - M
```

해설 • 출발지 최종목적지 공시운임 NUC 846.49

TPM : 3282 MPM : 3938

② 출발지/목적지의 MPM과 여정상의 각 구간 TPM을 찾아, 합계(Total TPM)을 구한 후 비교한다.

지시어

FQMSELTPEBKKSINDPS

응답화면

```
>FQM   SEL   TPE   BKK   SIN   DPS

CTY   DC   TPM   CUM   MPM   DC LVL  (HGL  )LWL   25M  XTRA
SEL  3
TPE  3 EH   914    914  1096   EH  0M    182     0  1370     0
BKK  3 EH  1555   2469  2743   EH  0M    274     0  3428     0
SIN  3 EH   889   3358  3459   EH  0M    101     0  4323     0
DPS  3 EH  1040   4398  3938   EH 15M    130    67  4922     0
```

해설 각 구간의 TPM 체크

- SEL TPE 구간 TPM 1627
  TPE BKK 구간 TPM 1364
  BKK SIN 구간 TPM 889
  SIN DPS 구간 TPM 1040 TPM의 합 4398
- SEL DPS 최대허용거리 MPM 은 **3938**
  따라서 이 여정은 **TPM > MPM이고 15% 할증**해야 한다.
- 15M : 적용 가능한 운임에 15% 할증해야 함.

③ Fare CAL

FROM/TO		Fare
SEL	CARR	
TPE	YY	
BKK	YY	
SIN	YY	**15M**
DPS	YY	**973.46**
	ROE	
TTL Fare CAL	NUC	**973.46**
Fare	**KRW992000**	

해설
- SEL과 최종목적지인 DPS의 적용가능한 일반석 OW 운임은 응답화면 1-1에서 4번의 Fare Basis가 Y인 NUC 846.49이다.
- 응답화면1-2에서 15M이 걸리므로 840.82에 15%를 할증해야 함으로 적용 NUC는 846.49 × 1.15 = **973.46**이 된다.

(5) TPM의 합이 15%-20% 사이일 때 : 20M

문 여정 : SEL - HKT - BKK - SIN
조건 : Y-CLS One Way

산출절차

① 출발지 목적지의 公示運賃(NUC)을 확인한다

지시어

FQDSELSIN/AYY/R,NUC/IL,X

응답화면

FQDSELSIN/AYY/R,NUC/IL,X												
ROE 1120.972 UP TO 100.00 KRW												
19NOV13**19NOV13/YY SELSIN/NSP;EH/TPM 2883/MPM 3459												
LN Fare Basis	OW	NUC	RT	B	PEN	DATES/DAYS		AP	MIN	MAX	R
01 YLPX15		838.90	+	P10	S24SEP	26NOV		+	3+	15	M
04 Y	**742.21**		+	–	–	–		–	–	–	M
05 C		1957.04	+	–	–	–		–	–	–	M

해설 • 출발지 최종목적지 공시운임 NUC 742.21

TPM : 2883　　MPM : 3459

② 출발지/목적지의 MPM과 여정상의 각 구간 TPM을 찾아, 합계(Total TPM)을 구한 후 비교한다.

지시어

FQMSELHKTBKKSIN

응답화면

>FQM SEL HKT BKK SIN

CTY	DC		TPM	CUM	MPM	DC	LVL	(HGL	)LWL	25M	XTRA
SEL	3										
HKT	3	EH	2693	2693	3231	EH	0M	538	0	4038	0
BKK	3	EH	424	3117	2743	EH	15M	37	100	3428	0
SIN	3	EH	889	**4006**	**3459**	EH	**20M**	144	29	4323	0

해설
- SEL HKT 구간 TPM 2693
  HKT BKK 구간 TPM 424
  BKK SIN 구간 TPM 889 TPM 합 4006
- SEL BKK 최대허용거리 MPM은 3459
  따라서 이 여정은 **TPM > MPM이고 20% 할증**해야 한다.
- 20M : 적용 가능한 운임에 20% 할증해야 함.

③ Fare CAL

FROM/TO		
SEL	CARR	Fare
HKT	YY	
BKK	YY	**20M**
SIN	YY	890.65
	ROE	1120.972
TTL Fare CAL	NUC	890.65
Fare		KRW998400

해설
- SEL과 최종 목적지인 SIN의 적용가능한 일반석 OW 운임은 응답화면 1-1에서 4번의 Fare Basis가 Y인 NUC 742.21이다.
- 응답화면1-2에서 20M이 걸리므로 742.21에 20%를 할증해야 함으로 적용 NUC는 **742.21** × 1.20 = **890.65**이 된다.

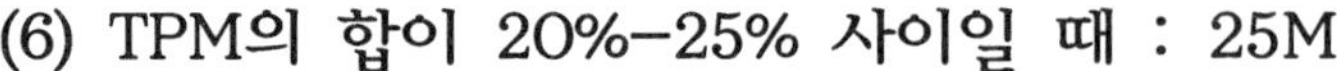

(6) TPM의 합이 20%-25% 사이일 때 : 25M

문 여정 : SEL - KUL - DPS
조건 : Y-CLS One Way

산출절차

① 출발지 목적지의 公示運賃(NUC)을 확인한다.

지시어

FQDSELDPS/AYY/R,NUC/IL,X

응답화면1-1

```
FQDSELBKK/AYY/R,NUC/IX,X
ROE 1120.972 UP TO 100.00 KRW
19NOV13**19NOV13/YY SELBKK/NSP;EH/TPM  2286/MPM  2743
LN Fare Basis     OW      NUC  RT   B PEN  DATES/DAYS   AP MIN MAX R
01 YLPX15                764.24 + P10 S24SEP  26NOV    + 3+  15  M
03 Y                    1228.92 +  -     -      -       -  -   -  M
04 Y             675.93         +  -     -      -       -  -   -  M
```

해설 • 출발지 최종목적지 공시운임 NUC 671.41
TPM : 2283   MPM : 2743

② 출발지/목적지의 MPM과 여정상의 각 구간 TPM을 찾아, 합계(Total TPM)을 구한 후 비교한다.

지시어

FQMSELHKGTPEBKK

응답화면

>FQM SEL HKG TPE BKK											
CTY	DC		TPM	CUM	MPM	DC	LVL	(HGL	)LWL	25M	XTRA
SEL	3										
HKG	3	EH	1295	1295	1554	EH	0M	259	0	1942	0
TPE	3	EH	511	1806	1096	EH	EXC	0	436	1370	0
BKK	3	EH	1555	**3361**	**2743**	EH	**25M**	67	70	3428	0

해설
- SEL HKG 구간 TPM 1295
  HKG TPE 구간 TPM 511
  TPE BKK 구간 TPM 1555 TPM 합 3361
- SEL BKK 최대허용거리 MPM 은 2743
  따라서 이 여정은 **TPM > MPM이고 25% 할증**해야 한다.
- 25M : 적용 가능한 운임에 25% 할증해야 함.

③ Fare CAL

FROM/TO		Fare
SEL	CARR	
HKG	KE	
TPE	CX	**25M**
BKK	TG	844.91
	ROE	1120.972
TTL Fare CAL	NUC	**844.91**
Fare	**KRW947200**	

해설 • SEL과 최종목적지인 BKK의 적용가능한 일반석 OW 운임은 응답화면 1-1에서 4번의 Fare Basis가 Y인 NUC **844.91**이다.
• 응답화면 1-2에서 25M이 걸리므로 25%를 할증해야 하므로 적용 NUC는 **675.93** × 1.25 = **844.91**이 된다.

(7) TPM의 합이 25%를 초과하는 경우 : 운임분리

문 여정 : SEL - TPE - TYO
조건 : Y-CLS One Way

산출절차

① 출발지 목적지의 公示運賃(NUC)을 확인한다.

지시어

FQDSELTYO/AYY/R,NUC/IL,X

응답화면1-1

```
FQDSELTYO/AYY/R,NUC/IX,X
ROE 1120.972 UP TO 100.00 KRW
19NOV13**19NOV13/YY SELTYO/NSP;EH/TPM    758/MPM    909
LN Fare Basis     OW     NUC   RT    B PEN  DATES/DAYS   AP MIN MAX R
01 YPX14                512.04 +   +     -       -        + 2+  14 M
02 Y                    597.60 +   -     -       -        -  -   - M
03 Y           328.73          +   -     -       -        -  -   - M
```

해설 • 출발지 최종목적지 공시운임 Y-CLS NUC 318.33
TPM : 758 MPM : 909

② 출발지/목적지의 MPM과 여정상의 각 구간 TPM을 찾아, 합계 (Total TPM)을 구한 후 비교한다.

FQMSELTPETYO

응답화면1-2

```
>FQMSELTPENRT
>FQM    SEL    TPE    TYO

CTY    DC    TPM    CUM    MPM  DC LVL  (HGL  )LWL    25M  XTRA
SEL  3
TPE  3  EH    914    914  1096   EH   0M     182      0  1370       0
TYO  3  EH   1330   2244   909   EH   EXC      0   1108  1136       0
```

해설

- SEL TPE TPM 914, TPE TYO TPM 1330
  SEL TPE TYO 구간 TPM 합은 2244
- SEL TYO 최대허용거리(MPM)은 909 여기에다 25% 할증을 해도 1136.25로 TPM의 합 2244로 훨씬 크기 때문에 거리제도를 이용할 수 없고 이 경우 운임 분리를 해야 한다. 즉 구간별 적용 가능한 운임을 선택 여정의 진행 방향대로 운임 선택하여 산출해야한다.

③ 각 구간별 운임 체크 실시

지시어1-1

FQDSELTPE/AYY/R,NUC/IL,X

응답화면1-1

```
FQDSELTPE/AYY/R,NUC/IL,X
ROE 1120.972 UP TO 100.00 KRW
19NOV13**19NOV13/YY SELTPE/NSP;EH/TPM   914/MPM  1096
LN Fare Basis    OW    NUC   RT   B PEN  DATES/DAYS   AP MIN MAX R
01 YLPX15              382.34  + P10 S24SEP  26NOV   + 3+  15 M
03 Y                   558.96  +  -     -      -      -  -   -  M
04 Y          307.50           +  -     -      -      -  -   -  M
```

지시어1-2

```
FQDTPETYO/AYY/R,NUC/IL,X
```

응답화면1-2

```
FQDTPETYO/AYY/R,NUC/IL,X
ROE 29.8378 UP TO 1.00 TWD
19NOV13**19NOV13/YY TPETYO/NSP;EH/TPM  1330/MPM  1596
LN Fare Basis    OW    NUC   RT   B PEN  DATES/DAYS   AP MIN MAX R
01 YEE14               705.50  + 000    -      -      - 2+  14 M
02 Y                  1147.02  +  -     -      -      -  -   -  M
03 Y          688.25           +  -     -      -      -  -   -  M
```

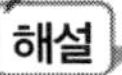

- SEL TPE 구간 편도 적용 가능운임은 응답화면 1-1의 4번 Y-CLS NUC **307.50**
- TPE TYO 구간편도 여정은 응답화면 1-2의 2번 Y-CLS **688.25**을 합산하여 적용한다.

④ Fare CAR

FROM/TO		Fare
SEL	CARR	
TPE	YY	307.50
TYO	YY	**688.25**
	ROE	1120.972
TTL Fare CAL	NUC	**995.75**
Fare		**KRW1116300**

해설 SEL TPE **307.50** + TPE TYO **688.25**

(8) 거리제도를 이용한 왕복여정의 운임 산출

문 여정 : SEL - MNL - HKG - DPS - SIN - SEL
조건 : Y-CLS, RT, F/B : DPS

① 출발지 목적지의 公示運賃(NUC)을 확인하고 운임 분리지점을 선정한다.

지시어

FQDSELDPS/AYY/IH/R,NUC

응답화면

ROE 1111.900 UP TO 100.00 KRW												
18JAN15**18JAN15/YY SELDPS/NSP;EH/TPM 3282/MPM 3938												
LN	Fare Basis	OW	NUC	RT	B	PEN	DATES/DAYS		AP	MIN	MAX	R
01	F		1347.33	+	-	-	-		-	-	-	M
02	C		1122.58	+	-	-	-		-	-	-	M
03	Y		**775.78**	+	-	-	-		-	-	-	M
04	YHEE1M		650.19	+	-	S27NOV	31JAN		-	3+	1M	

해설
- 첫 번째 운임마디 : SEL DPS NUC 775.78
- 두 번째 운임마디 : SEL DPS NUC 775.78

② 출발지/목적지의 MPM과 여정상의 각 구간 TPM을 찾아, 합계(Total TPM)을 구한 후 비교한다.

지시어1-1 첫 번째 마디 구간별 TMP Check

FQMSELMNLHKGDPS

응답화면

>FQM SEL MNL HKG DPS											
CTY	DC		TPM	CUM	MPM	DC	LVL	(HGL	)LWL	25M	XTRA
SEL	3										
MNL	3	EH	1627	1627	1952	EH	0M	325	0	2440	0
HKG	3	EH	712	2339	1554	EH	EXC	0	397	1942	0
DPS	3	EH	2148	**4487**	**3938**	EH	**15M**	41	156	4922	0

해설
- SEL MNL 구간 : TPM 1627, MNL HKG 구간 : TPM 712
  HKG DPS 구간 : TPM 2148, TPM 합은 4487
- SEL DPS 최대허용거리 MPM은 3938 즉
  이 여정은 **TPM > MPM이고 15% 할증**해야 한다.

• 15M : 적용 가능한 운임에 15% 할증해야 함.

지시어1-2 두 번째 마디 구간별 TMP Check

FQMSELSINDPS

응답화면

>FQM	SEL	SIN	DPS						
	<								
CTY DC	TPM	CUM	MPM	DC	LVL	(HGL	)LWL	25M	XTRA
SEL 3									
SIN 3 EH	2883	2883	3459	EH	0M	576	0	4323	0
DPS 3 EH	1040	**3923**	**3938**	EH	**0M**	15	0	4922	0

해설
• SEL SIN : TPM 2883
SIN DPS : TPM 1040, TPM 합은 3923
• SEL DPS 최대허용거리 MPM은 3938
따라서 이 여정은 **TPM < MPM이고 공시운임 그대로 적용**
• 0M : 공시운임 그대로 적용

③ Fare CAL

FROM/TO		Fare CAL
SEL	CARR	
MNL	YY	
HKG	YY	15M
DPS	YY	**892.14**
SIN	YY	**M**
SEL	YY	**775.78**
HKG		
DPS	Q	**4.24**
	ROE	1111.900
TTL Fare CAL	NUC	**1672.16**
Fare		**KRW1859300**

해설

- 복편 항공편은 운임의 적용방향 원칙에 의해 SEL DPS 구간으로 체크하면 된다.
- 두 번째 운임 마디는 MPM이 TPM보다 크기 때문에 상기 775.78 그대로 적용하면 된다.
- 운임 분리지점은 어느 곳이나 지정할 수 있지만 상기 여정에서는 DPS를 이 여정에서 운임 분리지점으로 하는 것이 가장 바람직하다 할 수 있다. 따라서 운임 분리지점을 바로 찾을 수 있도록 숙지해야 한다.

☆ 제시된 문제에서는 HIP과 CTM 무시

(9) 비 항공 운송구간 산출 방법(Surface Transportation)

승객이 항공편을 이용하지 않고 타 교통수단을 이용하여 여행하므로써 여정상 항공여행이 일시 중단 된 구간을 의미한다. 일반적으로 비 항공운송구간은 해당구간에 정기 항공노선이 부재한 경우에 주로 발생하나 항공편이 존재하는 구간이라 할지라도 승객이 자의로 해당 구간을 육상 또는 해상 운송수단을 이용하는 경우에도 발생하게 된다. TOPAS를 비롯한 모든 시스템에서는 예약화면상에는 ARNK로 표시된다.

- 적용방법1 : 비 항공운송구간을 제외하고 운임마디를 나누어 계산한다.
- 적용방법2 : 비 항공운송구간의 TPM을 포함한 Mileage 계산을 하여 하나의 운임마디로 계산한다.

산출절차

	절 차
1	Fare Break 선정
2	운임마디별 운임보는 방향과 운임의 종류를 결정한다.
3	운임마디별 Mile Check
4	운임마디별로 출발지/목적지 운임을 조회한다. 할증이 되는 경우라면 할증 적용한다.
5	Total NUC를 구하고, 출발지국 통화로 환산한다

① 적용방법1

문 여정 : SEL - MNL // HKG - BKK - KUL
조건 : Y-CLS One Way

FROM/TO		Fare CAL
SEL	CARR	
MNL	KE	**427.79**
HKG	//	
BKK	CX	**M**
KUL	GA	**572.44**
HKG		
BKK	Q	**4.24**
	ROE	1104.04
TTL Fare CAL	NUC	**1004.47**
Fare		**KRW1109000**

해설 • // : 비 항공운송구간을 의미한다.

② 적용방법 2

문 여정 : SEL - MNL // HKG - BKK - KUL
조건 : Y-CLS One Way

	절 차
1	전 여정에 대하여 Mile Check
2	출발지와 목적지 운임을 조회한다. 할증 적용한다.
3	Total NUC를 구하고, 출발지국 통화로 환산한다.

• Fare CAL

FROM/TO		Fare CAL
SEL	CARR	
MNL	KE	
HKG	//	
BKK	CX	25M
KUL	TG	856.28
HKG		
BKK	Q	4.24
	ROE	1104.04
TTL Fare CAL	NUC	860.52
Fare		KRW950100

해설 비 항공운송 구간이 포함된 여정의 운임 산출은 상기와 같이 두 가지 방법을 적용하여 그중 저렴한 것을 적용하면 된다. 대체적으로 2의 방법이 저렴하지만 각 나라의 심한 환율변동이 있을 시 1방식이 저렴할 수 도 있기 때문에 **두 가지 산출방식을 반드시 실시해야 하며 그 중 더 낮은 운임을 선택하면 된다.**

2. Mileage System의 보완규정

1) 보완규정의 필요성

Mileage System의 규정은 여러 구간을 하나의 단위로 계산함으로써 항공여행의 특성에 부합하도록 한 것이지만, 실제 운임계산에 있어 여러 가지 불합리한

점이 발견됨에 따라 각종 보완규정을 두게 되었다.

2) 중간 높은 운임(Higher Intermediate Point : HIP)

Mileage System의 기본규정에 따르면, 출발지와 목적지간의 공시운임을 기준으로 운임을 계산하게 되지만, 경우에 따라서는 출발지와 목적지간의 운임보다 중간지점의 운임이 더 높을 수가 있다. 이와 같은 경우에도 중간지점의 높은 운임을 무시하고 출발지와 목적지간의 운임을 적용한다면 불합리하게 될 것이다. 이러한 불합리를 보완하는 규정으로 중간 높은 운임(Higher Intermediate Point : HIP) Check가 고안되었다.

예제 1-1 조건 : Y-정상

SEL		
BKK	KE	5M
SGN	TG	652.77

예제 1-2 조건 : Y-정상

SEL		
BKK	KE	671.41

해설 SEL-BKK-SGN 보다 SEL-BKK 구간의 운임이 더 높아 BKK만 가는 승객이 손해 보는 느낌이 든다.

예제 2-1 조건 : Y-정상

SEL		
SYD	KE	M
BNE	QF	1388.53

예제 2-2 조건 : Y-정상

SEL		
SYD	KE	1422.55

해설 SEL-SYD-BNE 구간보다 SEL-SYD 구간이 더 높다.
따라서 시드니만 가는 승객은 손해 보는 느낌이 들 수 있다.

예제 3-1 조건 : Y-정상

SEL		
SIN	OZ	10M
PAR	SQ	1700.22

예제 3-2 조건 : Y-정상

SIN		
PAR	SQ	3515.29

해설 SEL-SIN-PAR 보다 SIN-PAR 구간이 운임이 훨씬 높다.

(1) HIP Check 순서 및 방법

출발지에서 목적지까지의 운임과 아래 3가지 경우의 운임을 비교하여 가장 높은 운임을 적용한다.

	체크 구간
1	출발지와 도중체류 지점간의 운임
2	도중체류 지점과 도중체류 지점간의 운임
3	도중체류 지점과 목적지간의 운임

예제 <HIP Check 지점 결정하기>

SEL
×/HKG
BKK
SIN

(상기 그림에서 체크해야하는 구간)

	체크 구간	비 고
1	출발지와 도중체류 지점	SEL BKK
2	도중체류 지점과 목적지	BKK SIN
3	도중체류 지점과 도중체류 지점	해당없음

주의 ×/HKG 도시코드 옆의 × 표시는 해당 도시를 24시간 이상 머물지 않고 항공기를 갈아타기 위한 공항을 의미하며 즉 Transit이다.

(2) HIP Check 적용 절차

	절 차	비 고
1	여정분석 : GI, 여정 및 운임의 종류 선정 그리고 운임의 적용 방향 선정한다.	
2	해당 운임마디 별 TPM과 MPM를 비교하고, 초과거리할증(EMS)을 확인한다.	FQM
3	출발지에서 목적지 운임을 확인한다.	FQD
4	HIP Check 발생여부를 확인한다.	
5	HIP이 발생한 경우 항공권의 운임 계산란에 HIP이 발생한 구간을 표기하고, HIP 구간의 운임을 적용한다.	
6	초과거리할증(EMS)를 적용하는 운임마디의 운임은 HIP 구간의 운임에다가 할증율을 곱하여 주면된다.	
7	Secondary Fare(Y2, YO2)사용 가능하다. 단, Stopover 규정 반드시 Check	
8	각종 Charge 적용	
9	TTL NUC 구한 후 출발지국 통화로 변환	FQC

(3) 실전 HIP Check 적용

문1 TPM의 합이 MPM보다 작을 때
여 정 : SEL - SYD - BNE
조 건 : Y-CLS, OW

① 여정분석

GI : EH, 여정의 종류 : OW, 요청운임 : OW 일반석

② 해당 운임 마디 별 TPM과 MPM을 비교 체크

SEL BNE (MPM 5763) > SEL SYD BNE(Total TPM 5645)

③ 출발지에서 목적지 운임산정

SEL BNE NUC1290.26

④ HIP Check 실시

- 출발지에서 도중체류지점
  SEL SYD NUC **1321.87**
- 도중 체류지점에서 목적지
  SYD BNE NUC 336.33

⑤ HIP Check 결과 가장 높은 지점선정 :

SEL SYD NUC **1321.87**

⑥ Fare CAL

FROM / TO		
SEL	CARR	Fare CALC
SYD	KE	**M**
///	//	**SELSYD**

BNE	QF	**1321.87**
	ROE	1104.04
	NUC	1321.87
	KRW	1459400

해설 SEL SYD 운임이 가장 높으므로 SEL SYD운임을 적용하고, Fare Calculate Box에 HIP이 발생한 SEL SYD를 상기와 같이 기재하여 HIP운임이 적용되었음을 표시한다(BHC 무시하기로 한다).

문2 TPM의 합이 MPM을 초과하는 경우(EMS발생)

여 정 : SEL - SIN - SYD

조 건 : Y-CLS, OW

① 여정분석

GI : EH, 여정의 종류 : OW, 요청운임: OW 일반석

② 해당 운임 마디 별 TPM과 MPM을 비교 체크 : 10M

SEL SYD (MPM 6212) < SEL SIN SYD (Total TPM 6780)

③ 출발지에서 목적지 운임

SEL SYD : NUC1321.87

④ HIP Check 실시

• 출발지에서 도중체류지점

SEL SIN : NUC 685.02

• 도중 체류지점에서 목적지

SIN SYD : NUC 2178.16 (Y)

⑤ HIP Check 결과 가장 높은 지점선정

SIN SYD : NUC 2178.16 (QF Y)

⑥ 초과거리 할증시 (EMS)이 적용될 경우 HIP 운임을 할증한다.

SIN TYO NUC2178.16 × 1.10 = 2439,76

⑦ Fare CAL

FROM/TO		Fare CAL
SEL	CARR	
SIN	KE	**10M**
///	//	**SINSYD**
SYD	QF	**2439.76**
	ROE	1104.04
TTL Fare CAL	NUC	2439.76
Fare	KRW2693600	

문3 TPM의 합이 MPM을 초과한 경우

여 정 : SEL-OSA-BKK-X/PAR-MUC

조 건 : Y-CLS, OW

① 여정분석

GI : EH, 여정의 종류 : OW, 요청운임 : OW 일반석 운임

② 해당 운임 마디 별 TPM과 MPM을 비교 체크 : 15M

지시어

FQM SEL OSA BKK PAR LON

응답화면

```
>FQM   SEL   OSA   BKK   PAR   MUC

CTY   DC   TPM   CUM   MPM  DC LVL  (HGL  )LWL   25M  XTRA
SEL  3
OSA  3 EH   525   525   630  EH  0M   105    0   787    0
BKK  3 EH  2592  3117  2743  EH 15M    37  100  3428    0
PAR  2 EH  5858  8975  8683  EH  5M   142  292 10853    0
MUC  2 EH   419  9394  8251  EH 15M    94  318 10313    0
```

해설 EMS 15M 운임 15%할증 확정

③ 출발지에서 목적지 운임

지시어

FQDSELMUC/AYY/R,NUC/VEH/IL

응답화면

```
>19SEP13**19SEP14/KE  SELMUC/NSP;EH/TPM    5286/MPM    8251

LN Fare Basis    OW    NUC  RT   B PEN  DATES/DAYS   AP MIN MAX R
15/YRT                2943.94 Y  -      -      -       -  -   -  M
```

16/YOW	**1545.66**	Y	–	–	–	–	–	–	M
17/CRT	5476.36	C	–	–	–	–	–	–	M
18/FRT	7872.30	F	–	–	–	–	–	–	M

해설 TS 방향의 운임을 선택하면 안되고 BKK를 경유하니 **EH** 방향지표에 있는 운임을 선택해야 한다. 선택된 운임은 NUC **1545.66**이다.

④ HIP Check 실시

구 분	Check 구간	구간운임
출발지와 도중체류지점	SEL OSA	YOW NUC 283.75
	SEL BKK	Y NUC 671.41
	SEL PAR 체크 불필요 (PAR이 경유지이기 때문)	
도중체류지점과 목적지	OSA MUC	**NUC3769.39 (EH** YCLS)
	BKK MUC	NUC 2764.11
	PAR MUC 체크 불필요 (PAR이 경유지이기 때문)	
도중체류지점과 도중체류지점	OSA BKK	
	OSA PAR 체크 불필요 (PAR이 경유지이기 때문)	
	BKK PAR 체크 불필요 (PAR이 경유지이기 때문)	

⑤ HIP Check 결과 가장 높은 지점선정

OSA MUC : NUC 3769.39 (EH YCLS)

⑥ Total NUC를 구한다 : NUC 4334.80

⑦ 출발지국 통화로 환산한다

NUC 4334.80 × ROE 1025.90 = KRW4,447,100

⑧ Fare CAL

* HIP을 적용한 바른 계산법 결과

FROM/TO		Fare CALC
SEL	CARR	
OSA	KE	
BKK	TG	**15M**
×/PAR	TG	**OSAMUC**
MUC	LH	**4334.80**
	ROE	1025.90
TTL Fare CAL	NUC	4334.80
Fare		KRW4447100

* HIP를 적용하지 않은 오류 계산법 결과

FROM/TO		Fare C및
SEL	CARR	
OSA	KE	
BKK	TG	
×/PAR	TG	**15M**
MUC	LH	**1777.51**
	ROE	1025.90
TTL Fare CAL	NUC	1777.51
Fare		KRW1823600

해설 상기그림 같이 HIP체크를 하지 않고 발권하게 되면 차액 2,623,500 Debit이 발생하고 업체나 담당 직원이 지불해야하는 일이 발생하기 때문에 더욱 주의해야 한다.

(4) HIP 체크 시 주의사항

주의1 HIP Check는 운임마다 별로 실시한다.

문1 여정 : SEL FUK HKG MNL MFM SGN KUL
조건: Y-Normal, SIN : 경유지

체크과정

① FQM을 체크하기 전 운임분리지점을 선정한다.

FQM SEL FUK HKG MNL 20M
FQM MNL MFM SIN KUL 25M

② 각 구간별 적용운임 체크 후 가장 높은 운임 선택 그 운임에 할증을 한다.

구 간	NUC
SEL MNL	441.95
SEL FUK	204.22
SEL HKG	441.95
FUK MNL	**2400.33**
HKG MNL	345.41
FUK HKG	2219.00
MNL KUL	556.00
MNL MFM	309.00
MFM KUL	**795.85**

③ Fare CAR

FROM/TO		
SEL	CARR	Fare
FUK		20M
HKG		FUKMNL
MNL		2880.39
MFM		25M
×/SIN		MFMKUL
KUL		994.81
HKG		
MNL	Q	4.22
	ROE	1175.686
	NUC	3879.45
TTL Fare CAL	KRW4561100	
TOTAL		

해설 HIP Check는 해당 운임마디의 운임적용 방향에 따라 실시한다.

문2 여정: SEL PAR LON SIN BKK SEL
적용 운임 : Y-Normal

체크과정

① FQM을 마일체크하기 전 운임분리지점을 선정한다.

- FQM SEL PAR LON 0M

• FQM SEL BKK SIN LON 15M

해설1 HIP 체크는 운임적용방향에 따라 실시함으로 LON SIN, LON BKK, SIN BKK, SIN SEL, BKK SEL구간의 운임은 HIP Check 대상이 아니다.

해설2 운임 산출자는 항상 고객이 요구한 일정을 대략적으로 그릴 수 있어야 하고 따라서 항공지리를 전문가적 입장에서 분석하는 자세가 요구된다.

② 각 구간 운임 적용방법에 따라 HIP Check 실시

* SEL PAR LON (갈때)

구 간	NUC
SEL LON	**1471.97** (TS)
SEL PAR	1471.97 (TS)
PAR LON	709.38

* SEL BKK SIN LON (올때)

구 간	NUC
SEL BKK	671.41
SEL SIN	737.20
BKK LON	2094.51 (EH)
SIN LON	**3082.63** (EH)
BKK SIN	438.27
SEL LON	1471.97 (EH)

해설 복편 여정의 운임 계산은 여정의 진행 방향으로 하는 것이 아니라 운임적용의 원칙에 의해 반대로 적용한다는 것 다시 한 번 상기할 것.

③ Fare CAL

FROM/TO		
SEL	CARR	Fare
PAR		M
LON		1471.97 (TS)
SIN		15M
BKK		SINLON
SEL		3545.02 (EH)
	ROE	1025.90
TTL Fare CAL	NUC 5016.99	
Fare	KRW5147000	

주의3 OW운임은 OW 운임과, 1/2RT운임은 1/2RT 운임과 비교하여야 한다.

문3 여정 : SEL - OSA - KUL- SEL
조건 : Y-CLS

비교절차

	구 간	운 임	Fare Entry
1	SEL KUL	NUC 587.36	FQDSELKUL/**IH**/R,NUC
2	OSA KUL	NUC 1597.76 YX2	FQDOSAKUL/**IH**/R,NUC

해설
- 상기 여정은 1/2RT운임을 사용하는 여정임으로 HIP Check시에 1/2RT운임으로 비교한다.
- FQDOSAKUL/IH/R,NUC : 1/2운임 찾는 Entry

① Fare CAL

FROM/TO		
SEL	CARR	Fare
OSA		**5M**
KUL		**1677.65**
SEL		685.02
	ROE	1104.04
TTL Fare CAL	NUC2362.67	
Fare	KRW2608500	

② 여정제시 : SEL-OSA-KUL

	구 간	Fare	Fare Entry
1	SEL KUL	NUC 685.02	FQDSELKUL/**IO**/R,NUC
2	OSA KUL	NUC 2077.70	FQDSELKUL/**IO**/R,NUC

- 상기여정은 OW운임을 사용하는 여정임으로 HIP Check시에도 OW 운임과 비교한다.
- FQDOSAKUL/**IO**/R,NUC : 편도운임 찾는 Entry

FROM/TO		
SEL	CARR	Fare
OSA		**5M**
///		**OSA KUL**
KUL		**2181.59**
	ROE	1104.04
TTL Fare CAL	NUC 2181.59	
Fare	KRW2408600	

주의4 미국이나 일본운임표에 주로 나타나는 Secondary Fare 즉 Y2, YO2는 Rule 체크 후 사용 가능하다(이때 Stopover Charge 등은 징수하지 않는다).

2) 일주 최저운임(Circle Trip Minimum Fare Check : CTM)

(1) 일주최저운임의 개요

일주여정의 운임계산은 2개 이상의 운임마디를 결합하여 이루어지게 되는데, 각 운임마디의 계산을 마친 후 전체여정에 대해 일주 최저 운임 Check(CTM : Circle Trip Minimum Check)를 실시해야 한다. 일주최저운임이란 출발지에서 도중체류지점까지의 직행왕복운임 중 가장 높은 운임을 말하는 것으로서 계산된 일주여정의 전체운임은 이보다 낮아서는 안된다. 이 같은 일주최저운임 Check를 실시하는 이유는 아래와 같은 예에서 볼 수 있듯이 일주여정의 운임계산결과가 단순 왕복보다 낮아지는 경우가 있기 때문이다.

보기1

SEL		
SYD	M	
///	SELSYD	
BNE	1422.55	Y
SEL	1388.53	Y
TTL	**2811.08**	

보기2

SEL		
SYD	1422.55	Y
SEL	1422.55	Y
TTL	**2845.10**	

(2) 적용대상

반드시 HIP Check 후 해당여정의 종류가 일주여정인 여정

(3) CTM Check 방법

(Normal fare CTM Check 방법)

- 운임 마디 개수가 2개 이상이며 1/2RT Fare를 사용할 수 있다.
- OUT/IN Bound 운임이 다르다.
- 출발지에서 도중 체류지점간의 가장 높은 Normal RT 운임수준까지 올려 받는다.
- Normal Fare에서 CTM Check시는 HIP 결과와 상관없이 반드시 CTM Check를 실시한다.

(4) CTM 적용절차

① 운임분리지점을 선정하여, 운임마디를 나눈다.

② 각 운임마디별로 MPM과 Total TPM을 비교하여, EMS를 결정한다.

③ 운임마디별로 1/2RT운임을 이용하여 HIP Check를 실시한 후 EMS를 적용하여 운임을 계산한다.

④ 여정의 종류가 일주 여정임을 확인한다.

- 일주여정 이란 : 전 여정을 계속 항공편을 이용하여 최초 출발도시로 다

시 되돌아오는 여정 중 In/out bound 여정에 상이한 운임이 적용되는 여정. 따라서 Outbound와 Inbound의 운임이 같을 경우인 왕복여정에는 적용할 수 없다.

⑤ 각 운임마디별 운임을 합산한다.

⑥ 출발지에서 각 도중체류지점까지의 직행왕복운임을 확인하고, 그 중에서 가장 높은 운임을 선정하고 직행왕복운임 확인 시, Secondary Fare(Y02, Y2) 별도의 Rule Check 없이 사용 가능하다.

⑦ ⑤의 운임과 ⑥의 운임을 비교하여 ⑥의 운임이 높은 경우 가장 높은 직행왕복운임이 발생한 두 도시를 표시하여 CTM이 적용됨을 표시하고, ⑦의 결과치에 그 차액(⑥-⑦)을 추가한다.

⑦의 운임이 높은 경우는 추가할 차액이 없으며 결과치를 합산한다.

⑧ Total NUC를 구하고, 출발지국 통화로 변환한다.

(5) 실전 CTM Check

문1 여정 : SEL - SYD - BNE - SEL, Y Normal

산출과정

① Fare break point 선정 : BNE

② 운임마디별 운임보는 방향과 운임의 종류 및 방향별 GI 선정

1/2RT. ㊤ EH ㊦ EH

③ 운임 마디별 Mile Check

- 첫 번째 운임마디 : FQMSELSYDBNE 0M 생성

```
>FQM    SEL    SYD    BNE

CTY    DC    TPM    CUM    MPM   DC LVL   (HGL   )LWL    25M  XTRA
SEL  3
SYD  3 EH   5184   5184   6220   EH   0M   1036      0   7775      0
BNE  3 EH    465   5649   5764   EH   0M    115      0   7205      0
```

• 두 번째 운임마디 : FQMSELBNE : 0M 생성

```
>FQM    SEL    BNE

CTY    DC    TPM    CUM    MPM   DC LVL   (HGL  )LWL    25M   XTRA
SEL  3
BNE  3  EH   4804   4804   5764   EH   0M    960       0   7205       0
```

④ 운임마디별 운임계산

• 첫 번째 운임마디 HIP Check

SEL SYD	**1422.55**
SEL BNE	1388.53
SYD BNE	405.65

• 두 번째 운임마디 HIP Check

SELBNE	**1388.53**

⑤ 운임마디별 운임합산

첫째 운임마디 1422.55 + 둘째운임마디 1388.53 = **NUC2811.08**

⑥ 일주최저운임체크 : 출발지에서 각 도중체류지점까지의 직행왕복운임체크

SELSYD	**2845.10** YRT
SELBNE	2777.06 YRT

⑦ ⑥의 SELSYD의 직행왕복 최저운임인 **2845.10**이 ⑤의 **2811.08**보다 더 높음으로 차액을 징수한다.

직행왕복최저운임 **2845.10** - 운임마디별합산운임 **2811.08** = **34.02**

⑧ 적용 운임인 Total NUC를 구한다.

1422.55 + 1388.53 + 34.02 = 2845.10

⑨ 출발지국 통화로 환산 ENTRY

FQC2845.10NUC/KRW = KRW 2918800

⑩ CTM Fare CARL 완성

FROM/TO		
SEL	CARR	Fare
SYD		M
///		SEL SYD
BNE		1422.55
SEL		1388.53
		SELSYD
	P	**34.02**
	ROE	1025.90
TTL Fare CAL	NUC 2845.10	
Fare	KRW**2918800**	

문2 여정 : SEL - PAR - MAN - FRA - SEL

조건 : Y-Normal

① Fare Break Point 선정 : FRA

② 운임마디별 운임보는 방향과 운임의 종류 방향별 GI 선정

1/2RT, ㊤ TS ㊦ TS

③ 운임 마디별 Mile Check

- 첫 번째 운임마디 : FQMSELPARMANFRA 0M 생성

```
>FQM   SEL   PAR   MAN   FRA

CTY   DC   TPM   CUM   MPM   DC LVL   (HGL   )LWL   25M   XTRA
```

```
SEL 3
PAR 2 TS    5626   5626   8342   TS   0M   2716     0 10427    0
MAN 2 EH     370   5996   8413   TS   0M   2417     0 10516    0
FRA 2 EH     518   6514   8023   TS   0M   1509     0 10028    0
```

• 두 번째 운임마디 : FQMSELFRA : 0M 생성

④ 운임마디별 운임계산

• 첫번째 운임마디 HIP Check

SELPAR	1130.04
SELMAN	**1276.60**
SELFRA	1130.04
PARMAN	800.47
MANFRA	679.74

• 두번째 운임마디 HIP Check

SELFRA	**1276.60**

⑤ 운임마디별 운임합산

1276.60 + 1130.04 = 2406.64

⑥ 일주최저운임체크 : 출발지에서 각 도중체류지점까지의 직행왕복운임체크

SELPAR	2260.08
SELMAN	2553.20
SELFRA	2260.08

⑦ ⑥의 SELMAN의 직행왕복 최저운임인 2553.20이 ⑤의 2406.64보다 더 높음으로 차액을 징수한다.

2553.20 - 2406.64 = 146.56

⑧ 적용 운임인 Total NUC를 구한다.

1276.60 + 1130.04 + 146.56 = 2553.20

(6) CTM 체크시 주의사항

① 출발지에서 경유지

- 도중체류지점(경유지)에서 목적지도 체크대상이 아니다.
- 도중체류지점(경유지)에서 도중체류지점(경유지)까지의 직행왕복 운임은 확인 대상이 될 수 없다

FROM/TO		
SEL	CARR	Fare
×/HKG		M
JED		1380.30
SIN		20M
HKG		SINJED
SEL		2809.15

HKG		
SEL	Q	4.22
	ROE	1025.90
TTL Fare CAL	NUC 4193.67	
Fare	KRW4302300	

SEL JED	2760.60 (EH)
SEL SIN	1474.40
SEL HKG	920.74

주의 SEL/HKG 구간의 RT 운임은 Stopover Point가 아니므로 비교 대상이 되지 않는다.

② CTM Check는 운임마디별 Check가 아니라 **전체여정에 대한 체크**이다

③ 직행왕복운임 확인 시 Secondary Fare인 YO2, Y2로도 적용가능하다.

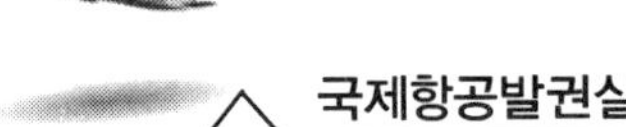

(7) In/Out Bound의 GI가 다른 일주여정인 경우의 CTM Check

In/Out Bound의 GI가 다른 일주여정은 두 도시간에 적용된 GI의 운임중 낮은 GI 운임선택 후 그 중 가장 높은 운임으로 CTM Check를 한다.

예제

FROM/TO		
SEL	CARR	Fare
PAR		M
MAN		SELMAN
LON		1634.66 (TS)
CAI		M
SEL		1471.97 (EH)

HKG		SELMAN
SEL	P	162.69
	ROE	1025.90
TTL Fare CAL	NUC 3269.66	
Fare	KRW3354400	

In/Out Bound GI가 다르면서 Normal Fare 적용

CTM CHK 구간	TS	EH
SELPAR	2943.94	2943.94
SELMAN	3269.32	3269.32
SELLON	2943.94	2943.94
SELCAI	**3421.58**	2793.24

주의
- SELCAI TS방향 NUC3421.58은 비교대상에서 제외한다.
- 운임마디내 합 : 3106.63
- CTM P = 3269.66 - 3106.63 = **162.69**

3. Routing System(경로제도)

1) 경로제도의 개요

Routing System은 출발지와 목적지간 운임과 함께 여정(Routing)이 함께 공시되어 승객의 여정이 이에 부합될 경우 해당 운임을 그대로 징수하는 방식이다. Routing System은 경유도시 뿐만 아니라 항공사 예약 등급 등도 함께 공시되는 경우가 대부분이므로 Routing 적용 시에는 이와 같은 제한 조건을 모두 준수하여야 한다.

Routing System은 다음과 같은 이유로 이용된다.

- 해당 구간의 여정 작성시 항공편 연결 등의 사유로 특정 경유지가 자주 사용되는 경우
- 항공사의 불리한 노선 망으로 승객의 여정에 대한 Mileage System운임이 높을 경우
- 타 항공사와의 정산 관계상 특정 지점 경유 및 특정 항공사 이용조건의 설정이 필요한 경우

2) 적용절차

1. 출발지에서 목적지간의 Routing fare 공시 여부를 확인한다.
2. Route Map을 확인하여 승객의 여정이 Route Map에 부합되는지 확인한다.
3. Route Map은 중간경유지점은 생략될 수 있지만 추가될 수는 없다.

3) Routing System 실전적용 예제

예제 1

FROM/TO		
SEL	CARR	Fare
CHI	KE	
NYC	AA	
SEL	KE	

적용절차

① System에서 Routing Fare 공시 여부를 체크한다.

FQDSELNYC/AKE/IL,X

응답화면

```
FQDSELNYC/AKE/IL,X
ROE 1120.972 UP TO 100.00 KRW
29NOV13**29NOV13/KE SELNYC/NSP;PA/TPM  6879/MPM  8254
LN Fare Basis    OW   KRW  RT   B PEN  DATES/DAYS   AP MIN MAX R
01  ELXEKA            1700000 E  +       -      12345+   + -   12M R
                                     S09SEP   13DEC
02  ELWEKA            1800000 E  +       -         67+   + -   12M R
                                     S09SEP   13DEC
07  HLXEKA1           1950000 H  +       -      12345+  -  -   12M M
                                     S09SEP   13DEC
```

해설 상기 그림에서 오른쪽 끝에 굵은 글씨체 2가지가 종류가 있는데 R과 M이 있다. R은 Routing System 적용운임, M은 Mileage System 적용운임이다.

② 해당운임의 Route Map을 확인한다.

지시어

FQR7

응답화면

```
FQR7
ROE 1120.972 UP TO 100.00 KRW
29NOV13**29NOV13/KE SELNYC/NSP;PA/TPM  6879/MPM  8254
LN Fare Basis     OW    KRW  RT    B PEN  DATES/DAYS    AP MIN MAX R
07 HLXEKA1            1950000 H  +       -      12345+ -   -   12M R
                                  S09SEP  13DEC
ADDON            SPECIFIED  KE7005  ADDON           EFF15AUG13
** PLZ DBL Check FLT RESTRICTION IF DL MKTG INCLUDED **
  1 * SEL-NYC
  .
  7 * SEL-WAS-B6/US/DL/AA-NYC
  8 * SEL-CHI-US/DL/AA/KE-NYC
  9 * SEL-SFO-VX/US-NYC
```

해설

- **8 * SEL-CHI-US/UA/DL/AA-NYC**
- " - "은 and의 의미이고 " / "는 or를 의미한다.
- SEL에서 뉴욕을 가는데 CHI를 경유하여 목적지인 뉴욕을 갈 수도 있고 미국 국내구간에는 **US, UA, DL 그리고 AA** 항공사 중에서 선택할 수 있다. 상기 그림에 빠져있는 미국 메이저 항공사 CO항공은 선택할 수는 없다.

③ 해당항공사 Booking class를 확인한다.

지시어

FQPSEL/AKECHI/AUSNYC/AKESEL

GG AIR KECLSUS(더 자세한 CLS 확인)

응답화면

```
FQPSEL/AKECHI/AUSNYC/AKESEL
 * Fare Basis *  DISC     * PTC          * Fare KRW    * MSG    *T
01 PRT+YUP6       *          * 1        *  12639000   * RB     *Y
02 PRT+RRT        *          * 1        *  12272400   * RB     *Y

08 YRT            *          * 1        *   5205000   * RB     *Y
09 ELXEKA1+E*     *          * 1        *   2186000   * RB     *Y
10 ELXEKA+EG*     *          * 1        *   2185100   * RB     *Y
```

지시어

FQS9-1

응답화면

```
FQS9-1
 9 - PTC 1 ADT
Fare COMPONENT  1    ADT SELNYC KE  ELXEKA1
 PRIME BOOKING CODE WHEN NO EXCEPTIONS APPLY
    E
 DEFAULT EXCEPTIONS (US)
  IF   VIA KE                                              (1)
  THEN VIA US  U     REQUIRED  WHEN AVAILABLE WITHIN AREA 1
  IF   VIA KE                                              (1)
  THEN VIA US  G     REQUIRED  WITHIN AREA 1
 (1) THE -IF- CONDITION APPLIES TO THE Fare COMPONENT
```

해설

- 미국 US항공사의 미국 국내선 Booking Class는 **U**나 **G** CLS로 하면 된다.
- **FQPSEL/AKECHI/AUSNYC/AKESEL** : 반드시 기억을 요한다.

Chapter 3

운임의 종류

1. 정상운임
2. 특별운임
3. 할인운임

Chapter

3 운임의 종류

국제선 항공 운임은 여행기간, 여행조건 등에 따라 정상운임(Normal Fare)과 특별운임(Special Fare)으로 구분되며 항공사의 판매정책에 의해 개발된 판촉운임(Promotional Fare)와 승객의 나이나 신분으로 할인이 제공되는 할인운임(Discounted Fare)이 있다.

1. 정상운임(Normal Fare)

YO2, Y2 이상의 Fare를 의미하며 동 운임을 적용 받은 항공권은 첫 구간의 경우 발행일로부터 1년, 나머지 구간은 여행 개시일로부터 1년의 유효기간을 가진다. 또한 도중체류 횟수 및 예약 변경, 여정 변경, 항공사변경 등에 원칙적으로 제한이 없는 운임이다. 단, 도중체류의 경우 적용한 정상운임의 종류에 따라 달라질 수 있다.

(시스템에서의 정상운임)

```
FQDSELDEN/AKE/R,NUC/IL,X
ROE 1025.90 UP TO 100.00 KRW
25SEP08**25SEP08/KE    SELDEN/NSP;PA/TPM       6184/MPM        7434
```

```
LN Fare Basis    OW    NUC   RT    B PEN   DATES/DAYS    AP MIN MAX
R
01 MLXPB3M              1717.12 M  +       -      12345+ -  3+   3M R
                                 S08SEP  05DEC
02 MLWPB3M              1814.60 M  +       -          67+ -  3+   3M R
07 YO2RT
08 YO2OW       1567.69            W  -      -      -      - - -     M
09 YRT                3674.32 W  -      -      -      - - -         M
10 YOW         1929.03            W  -      -      -      - - -     M
11 CRT                5626.86 C  -      -      -      - - -         M
12 COW         2954.18            C  -      -      -      - - -     M
13 FRT                8040.74 F  -      -      -      - - -         M
14 FOW         4221.46            F  -      -      -      - - -     M
```

해설 7번 YO2RT 이하부터 정상운임이라고 한다. 목적지에서의 체류기간이 최대 1년 유효한 항공권을 의미한다. 대표적으로 표시되는 Fare Basis 는 **P, F, J, C, Y, YO2, Y2** 등이다.

2. 특별운임(Special Fare)

승객의 다양한 여행 형태에 부합하여 개발된 운임으로 승객의 여행기간, 여행조건 등에 일정한 제한이 있는 운임을 말한다. 여러 종류의 판촉운임이 각 구간별로 공시되어 있으며 판매되는 대부분의 항공권에 판촉운임이 적용되고 있다.

	조 건	종 류
1	여행기간 제한	최소의무 체류 기간(Minimum Stay) 최대허용 체류 기간(Maximum Stay)
2	여행조건 제한	Stopover 및 Transfer 허용여부 및 가능 횟수 선 구입 조건 (Advanced Purchase) 구간에 따라 성수기/비수기 구분

(시스템에서의 특별운임)

```
> FQDSELDEN/AKE/R,NUC/IL,X

ROE 1025.90 UP TO 100.00 KRW
25SEP08**25SEP08/KE   SELDEN/NSP;PA/TPM    6184/MPM    7434

LN Fare Basis     OW    NUC  RT    B PEN  DATES/DAYS   AP MIN MAX R
01 MLXPB3M                 1717.12 M  +      -     12345+ -  3+  3M R
                                          S08SEP  05DEC
02 MLWPB3M                  1814.60 M  +      -        67+ -  3+  3M R
                                          S08SEP  05DEC
03 MLXSTO        945.80    1891.60 M  -      -     12345+ -  -   -  R
                                          S08SEP  05DEC
04 KLXEE6M                 1912.06 K  -      -     12345+ -  4+  6M R
                                          S08SEP  05DEC
```

해설

① 특별운임의 형태

상기 그림에서 굵은 글씨체의 운임이 특별 운임으로써 고객의 다양한 수요의 요구에 부응하기 위하여 항공사가 여행기간, 여행조건 등에 제한을 두어 개발한 운임을 말한다.

대표 되는 Fare Basis의 형태는 : MLXPB3M, KLXEE6M, GV10 등이다.

② 특별운임의 적용절차

	절차	분석 내용
1	여정분석	여행기간, 조건파악, Fare Break Point선정(F/B)
2	적용운임의선정	해당구간의 운임종류 및 제한조건 파악 승객의 여행조건 수정유도
3	운임의 계산	Routing System 또는 Mileage System 결정
4	판매가 결정	판매가 Table (Net Fare) 등 관련자료 참고
5	이티켓 발행	이용 승객에게 제한 조건이 있는 항공권일 경우 설명.

③ 특별운임 적용 시 기본 Rule Check 사항

적용여정, 예약 및 발권, 사전구입 조건, MIN/MAX체크, Stopover, Transfer, 예약변경 사항, 할인, 기타.

④ 특별운임의 특성

운임 종류	MIN/MAX	예약	예약/여정변경	출발 전 사전구입
EXCURSION	있음	OPEN 가능	가능 (페널티적용체크)	없음
	대표 Fare Basis : YEE3M, YLEE6M			
PEX	있음	PEN 불가 ALL CFM	불가 일부페널티 지불후 가능	없음
	대표 Fare Basis : YPX3M, YHPX3M			
MAPB	있음	복편만 OPEN가능	페널티 지불 후 가능	출발지에 따라 상이
	대표 Fare Basis : MAPB3M			
APEX	있음	OPEN 불가 ALL CFM	불가 일부 페널티지불 후 가능	있음
	대표 Fare Basis : YPX3M			
ZZ (청소년)	있음	복편만 OPEN가능	불가	주로 출발 전 7일 이후에만 구입
IT(Inclusive Tour Fare)	있음	전 구간 확약	불가	별도확인 필요
GV(그룹)	있음	전구간 확약	불가	별도확인 필요

3. 할인운임(Discounted Fare)

승객의 나이나 신분에 따라 할인이 제공되는 운임으로 승객의 여행조건에 따라 그 기준 운임은 정상운임 또는 특별운임이 될 수 있다. 특별한 규정이 없는 한 유효기간, 도중체류 횟수 등은 기준 운임의 규정에 따라 적용 된다.

1) 유아 운임(Infant Fare : IN)

- 적용 대상 : 최초 여행일 기준 만 14일 이상 만 2세 미만의 좌석 비 점유 승객
- 운임 수준 : 성인 운임의 10% 적용하며 국내선 구간의 경우 국가마다 규정이 상이하므로 확인이 필요하다. 참고로 한국/USA/CANADA 국내선 구간의 운임은 무료이다. 또한 성인 동반자 1명에 단 1명의 유아 할인이 가능하며 유아가 2명 이상인 경우에는 나머지 1명에 대해서는 Child 운임을 적용하여야 한다.
- 무료 수하물 허용량 : Weight System : 없음
- 무료 수하물 허용량 : Piece System : 115CM 이하의 1PC및 접을 수 있는 유모차 1개는 허용(항공사에 따라서 규정이 상이하고 변동이 있을 수 있으니 확인 필요하다.)
- 발행 항공권 상에 반드시 생년월일(Date of Birth : DOB)과 **동반 보호자의 항공권 번호**를 기재하여야 한다.

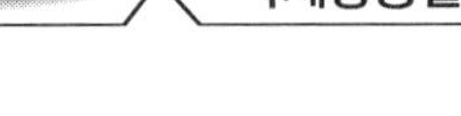

(시스템에서 유아의 운임확인)

지시어

FQDSELHKG/R,-IN

응답화면

```
ROE 1025.90 UP TO 100.00 KR
25SEP08**25SEP08/KE SELHKG/IN;EH/TPM  1295/MPM  1554
* JOURNEYS ORIGINATING KOREA BOOK 'Y' FareS WITH 'W' RBD *
LN Fare Basis    OW    KRW   RT    B PEN  DATES/DAYS   AP MIN MAX R
01 MLXPX15                  62800 M  +      -      1234+  + 3+  15 M
                                     S16SEP  26NOV
05 Y             47300      94500 Y  -      -      -      -  -   - M
06 Y             47300      94500 W  -      -      -      -  -   - M
07 C             69400     138700 C  -      -      -      -  -   - M
```

2) 소아 운임(Child Fare : CH)

- 적용 대상 : 최초 여행일 기준 만2세 이상 만 12세 미만으로 성인 보호자가 동반하는 승객
- 한국 출발 운임 수준 : 적용 가능한 성인 운임의 75% 적용
- 무료 수하물 허용량 : 성인과 동일
- 특별 운임을 기준으로 한 CH / IN Fare는 할인 불가한 경우도 있으므로 반드시 FQN Entry를 통해서 확인 후 사용
- 발행 항공권 상에 반드시 생년월일(Date of Birth : DOB) 과 동반 보호자의 항공권 번호를 기재하여야 한다.

(시스템에서 소아 운임 확인)

지시어

FQDSELHKG/R,-CH

응답화면

```
>FQDSELHKG/R,-CH
ROE 1025.90 UP TO 100.00 KRW
25SEP08**25SEP08/KE SELHKG/CH;EH/TPM  1295/MPM  1554
* JOURNEYS ORIGINATING KOREA BOOK 'Y' FareS WITH 'W' RBD *
LN Fare Basis    OW     KRW  RT    B PEN  DATES/DAYS   AP MIN MAX R
01 Y           354300    708500 Y  -       -       -      -   -   -  M
02 Y           354300    708500 W  -       -       -      -   -   -  M
03 C           520000   1040000 C  -       -       -      -   -   -  M
04 F           623600   1247100 F  -       -       -      -   -   -  M
```

해설
- MLXPX15 : 만 12세 이상의 Fare Basis 표기
- MLXPX15/CH25 : 소아가 만 12세 이상의 승객과 동반할 때 Fare Basis 기입 방법

주의
- 비 동반 소아 운임(Unaccompanied Minor : UM)
- 적용 대상 : 최초 여행일 기준 만 5세 이상 만 12세 미만 승객으로서 탑승 Cabin Class가 성인 승객과 동일하지 않은 경우 또는 성인 보호자 없이 혼자 여행하는 승객
- 운임 수준 : 만5세 이상 만8세 미만 - 적용 가능한 성인 정상 운임
- 운임 수준 : 만8세 이상 만12세 미만 - 적용 가능한 소아 정상 운임
- 무료 수하물 허용량 : 성인과 동일
- 구비서류 : 운송 신청서 및 서약서
- 유의사항 : 만5세 미만의 어린이는 UM 운송 불가
사전 예약 필요, 지상 보호자 확인
특수 예약과의 사전 승인 필요, 확약된 예약 필요

참고 UM 의 나이/성별/국적/출도착지/보호자연락처 등을 정확히 입력

3) 학생 운임(Student Fare : ST)

- 적용 대상 : 최초 여행일 기준 만 12세 이상 만 26세 미만으로서 정규 기관의 6개월 이상 교육과정에 등록된 학생(단, 항공사별 Waiver 가능)
- 적용 기간 : 학업 시작 6개월 전부터 학업 종료 후 3개월까지
- 운임 수준 : 성인 정상 운임의 75%(Y Class에만 해당)
- 도중 체류 : 원칙적 불가(그러나 해당 항공사 문의)
- 구비 서류 : 입학 허가서 사본 / 재학 증명서 원본 / 학생증 및 여권 사본
- MSTO, MDSOW(RT) 운임은 특정항공사의 USA /CANADA행, 유럽/대양주행, 학생, 청소년 대상 Special fare로서 학생운임 규정과 상관없이 별도의 규정을 확인하여야 한다(FQN1//SO, EL 등등).

지시어1

FQDSELSFO/AKE

응답화면

```
>FQDSELSFO/AKE/R,NUC
ROE 1025.90 UP TO 100.00 KRW
25SEP08**25SEP08/KE SELSFO/NSP;PA/TPM  5636/MPM  6763
LN Fare Basis    OW    NUC  RT    B PEN  DATES/DAYS   AP MIN MAX R
01 ELXAP1M                 1148.34 E  +      -     12345+ 7  3+  1M M
                                       S08SEP  05DEC
05 MLXSTO       812.35    1624.70 M  -      -     12345+ -  -   -  R
                                       S08SEP  05DEC
06 KLXEE6M                 1669.54 K  -      -     12345+ -  4+  6M R
                                       S08SEP  05DEC
07 MLWSTO       861.09    1722.18 M  -      -        67+ -  -   -  R
                                       S08SEP  05DEC
```

해설 ST는 학생운임이다.

4) 단체 인솔자 할인(Tour Conductor : CG)

- 적용 대상 : 10명 이상의 단체 승객을 인솔하는 승객
- 할인 수혜 인원 및 할인율은 단체 구성원 수에 의해 결정된다.
- 단체 구성원 중 Child 2명은 어른 1명으로 간주한다.
- 일부 단체 운임은 항공사 자체 규정에 의해 할인율 및 할인 수혜 인원이 결정된다.

단체 인원수	할인적용 인원	할인수준
10~14명	1명	50% 할인
15~24명	1명	100% 할인
25~29명	2명	1명 100% 할인, 1명 50% 할인
30~39명	2명	2명 각 100% 할인

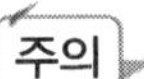

- 상기 조건의 나타냄은 일반적 사항이고, 각각의 항공사에서는 자사의 경영 방침에 따라 특정노선의 경우 11명이 가더라도 1명에 대해서 100% 할인 해주는 경우도 있다.
- 항공료를 제외한 세금은 혜택 받는 승객이 지불해야한다.

5) 대리점 직원 할인운임(Agent Discount : AD)

- 적용 대상 : 항공사와 대리점 계약을 체결한 대리점 직원 및 그 배우자
- 운임 수준 : 본인 25%, 배우자 50%
- 유효 기간 : 항공권 발행일로부터 3개월이며 첫번째 Flight Coupon은 해당 연말까지 사용 완료

- 대리점의 사용 신청서(Application Letter of Agent)
- 항공사의 승인서(Authorization Form)
- 각 항공사의 동의서(Concurrence Letter)

6) 선원 운임(Ship's Crew Discount Fare : SC)

선원 운임에는 개인 선원 운임과 단체 선원 운임이 있다. 개인 선원 운임 적용 시에는 선원이 승선하는 선박의 국적에 따른 특별 규정을 우선 참조하고, 해당 사항이 없을 시 일반 규정을 적용한다.

- 적용 대상 : 조업과 관련해 여행하는 선원의 Y / OW 여정
- 운임 수준 : 성인 정상운임의 75%(관련 선박 회사에서 지불)
- 도중 체류 : 불가
- 무료 수하물 허용량 : 발권 시 해당 항공사에 반드시 확인
- 구비 서류 : Seaman Certificate, Seaman Book, 선원 고용 계약서

Chapter

4

Fare System

1. 시스템소개
2. Fare Display
3. Fare Rule 분석
4. Tax 조회
5. Routing 조회
6. Mileage 조회
7. Currency 변환
8. IATA 환율 조회
9. Excess Baggage Charges(FQX) 조회
10. 자동 운임계산 기능
11. 최적의 운임
12. Master Pricer Expert 및 Low Fare Search

Chapter

Fare System

1. 시스템소개

TOPAS의 전산 System 중 Fare 및 Ticketing에 관련된 기능은 1983년 운임 참조 기능 즉, "Fare Display"가 도입된 이후 1984년에 국제선 자동발권 기능, 1988년에 국내선 자동 발권 기능이 현 여행사 업무에 적용되면서 비약적인 발전을 거듭해왔다. 특히 세계적인 흐름에 따른 TOPAS와 AMADEUS간 전략적 제휴 이후 2000년 4월 부로 도입 사용하고 있고 2014년 부터는 Topas sell connect란 상품으로 재무장하면서 가장 낮은 운임 조회 후 예약 생성 및 Automatic Ticket Changer 기능을 이용한 자동 재발행, 환불 기능 도입등 사용자 요구에 맞춘 다양한 기능과 옵션을 추가하여 정보화 사회에 훨씬 더 정확하고 빠르고 쉽게 정보를 다루고 제공할 수 있게 된다.

1) 기본기능

① 운임조회 기능
② 운임 관련 각종 정보 및 Rule 조회 기능
③ PNR이 없는 상태에서 자동으로 운임을 계산하는 기능
④ PNR이 있는 상태에서 자동으로 운임을 계산하는 기능

⑤ 실제 예약 상태와 연계한 적용 가능한 운임을 계산하는 기능

⑥ 항공사 Nego Fare의 별도 조회 및 자동 운임 계산 기능

2) Fare System의 구조

Farexpert (Topas)	⇔	Fare Server	⇦	SITA
				ATPCO
				IATA
				OAG/ABC
				Manulal 및 개별항공사

3) Topas Fare System의 특징

① 각종 Display Option 및 제공 Information의 다양화

② Pricing종류의 용도별 다양성 : FQP/FXP/FXA/FXL 및 Negotiated Fare Pricing

③ 동일 PNR내 복수의 PAX Type 동시 운임 산출

④ 예약과 연계한 Fare Display 및 Best Buy Pricing 방식 적용

⑤ 각 항공사 별 Own-fare의 결합을 통한 저렴한 운임 산출

⑥ 항공사의 Booking Class를 중심으로 한 운임 산출 방식

⑦ 구체적인 Error Message 제공을 통한 용이한 Entry 적용 방식

⑧ 재발행, Refund 자동계산기능(ATC)

⑨ 저렴한 운임 조회 후 예약 생성 기능(FXB, FXD)

4) Fare Entry Summary

① Fare Calculation Entry

	Entry	설 명	HELP
1	FQA	IATA ROE(Rate of Exchang)	HE FQA
2	FQC	환율 조회 및 변환	HE FOC
3	FQM	Mileage 관련 조회 및 계산	HE FQM
4	FQO	두 도시간 GI별 Mileage 조회	HE FQO
5	FQX	Excess Baggage Charge 조회	HE FQX
6	FQZ	PFC관련 Information조회	HE FQZ

② Fare Display관련 Entry

	Entry	설 명	HELP
1	FQD	Fare Display	HE FQD
2	FQN	Fare Rule 조회	HE FQN
3	FQK	FQD 후 Tax관련 Information 조회	HE FQK
4	FQR	Routing Information 조회	HE FQR
5	FQS	Booking Class 조회	HE FQS
6	FRV	Add-on 금액 조회	

③ Best Buy Pricing

	Entry	설 명	HELP
1	FXB	Rebook to the Lowest fare/TST 생성	HE FXB
2	FXR	Rebook to the Lowest fare/TST 비생성	HE FXR
3	FXA	좌석예약 가능 정보제공 Lower fare 목록 조회와 Manual Rebooking/TST 생성	HE FXA
4	FXL	좌석예약 가능 정보제공 Lowest psbl fare Pricing과 Manual ebooking/TST 비생성	HE FXL

④ PNR Pricing

	Entry	설 명	HELP
1	FXP	PNR이 있는 Pricing	HE FXP
2	FXP/R, U	Nego Pricing(판매가 Pricing)	

⑤ Information Pricing

	Entry	설 명	HELP
1	FQP	PNR이 없는 Pricing	HE FQP

⑥ Master pricer expert

	Entry	설 명	HELP
1	FXD	좌석예약 가능 상태 고려 예약 가능한 가장 저렴한 운임 및 항공 스케줄정보 제공	HE FXD

2. Fare Display

Topas sell connect가 사용하는 System은 다양한 Option을 사용한 공시 운임의 조회가 가능하다. 기본적으로 항공사, 날짜, Booking Code, Global Indicator 등의 지정을 통한 운임 조회가 가능하며 또한, 별도 Option을 추가하지 않은 경우에는 YY Fare 기준 현재 날짜와 출발도시의 Currency가 적용된 조회 내역이 보여 지도록 기본 값이 설정되어있다.

1) 기본 Entry

FQDSELHKG

응답화면

```
ROE 1111.900 UP TO 100.00 KRW
13JAN15**13JAN15/YY SELHKG/NSP;EH/TPM  1295/MPM  1554
*SURCHARGE OF HKD33 OR EQUIV IN NUC MAY APPLY DEPARTURE HKG*
LN Fare Basis   OW    KRW   RT   B PEN  DATES/DAYS   AP MIN MAX R
01 F          914600              +  -     -     -     -   -   -  M
02 F                      1662800 +  -     -     -     -   -   -  M
03 C          762700              +  -     -     -     -   -   -  M
04 C                      1386600 +  -     -     -     -   -   -  M
```

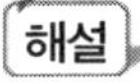

- 항공사 및 날짜를 지정하지 않으면 YY 운임기준 출발지국 통화단위로 운임이 보여 준다.
- YY Fare : IATA에서 공시하는 항공사 비지정운임으로, 항공사 운임은 Carrier Fare가 비설정된 구간에 사용 가능하다.
- Carrier Fare : 특정구간에 항공사가 설정하는 운임이다. 단 Carrier Fare 비설정 구간이라도 모든 항공사가 YY Fare 사용을 권장하지 않는 바, 확인 후 사용이 필요하다.

2) 다양한 Option Entry

FQDSELLON/ACX/D20MAY/VEH/CY/R,NUC/IL,X

응답화면

```
FQDSELLON/ACX/D20MAY/VEH/CY/R,NUC/IL,X
ROE 1111.900 UP TO 100.00 KRW
20MAY15**20MAY15/CX SELLON/NSP;EH/TPM ...../MPM  8913
LN Fare Basis     OW    NUC  RT    B PEN  DATES/DAYS   AP MIN MAX R
01 YSD25                   2677.56 Y  -      -      -     -  -   3M M
02 YRT                     3570.10 Y  -      -      -     -  -  12M+M
03 YSC25       1874.42             Y  -      -      -     -  -    - M
04 YSD25       1874.42             Y  -      -      -     -  -    - M
05 YOW         2499.23             Y  -      -      -     -  -  12M+M

20MAY15**20MAY15/YY SELLON/NSP;EH/TPM ...../MPM  8913
06 YEEIF6M                 2795.20 +  -      -      -     -  5+  6M M
07 YIF                     3137.42 +  -      -      -     -  -    - M
08 YIF         2039.39             +  -      -      -     -  -    - M
```

해설1

	용어	설명
1	FQD	기본지시어
2	SELLON	출발지 목적지
3	ACX	적용 항공사
4	D20MAY	출발일
5	VEH	GI(Global indicator), V : via, EH : 적용 GI코드
6	CY	C : Booking CLS, Y : 적용 CLS
7	R,NUC	통화 단위
8	IL,X	저렴한 운임이 맨위에 보여짐

해설2

	구 성	
	코 드	해 설
1	LN	Line 번호
2	Fare Basis	Fare Basis 앞에 오는 특정 부호 *아직 발효되지 않은 운임) 한방향으로만 적용 가능한 운임 / Add-on 결합운임(FRV+Line number로 금액확인 가능)
3	OW	One-way fare
4	NUC	통화코드
5	RT	Round trip fare
6	B	Booking class B Note-plus sign(+)은 2개 이상의 booking class가 사용되고 있음을 나타낸다 (FQS + Line Number로 확인)
7	PEN	Penalty information NRF : Non-Refundable PEN P50 : 50% penalty - : penalty 없음 + : 추가 제한사항이 있음 (FQN + Line Number로 확인가능)
8	DATES/DAYS	2개 LINE까지 가능 + : 제한사항이 더 있음) : OUTBOUND 여정에 Seasonality가 적용됨을 나타냄 (: INBOUND 여정에 Seasonality가 적용됨을 나타냄 DATES/DAYS 제한사항 형태 S : Seasonality M : 수정된 운임 T : 미래의 출발일/발권일 적용 운
9	AP	사전 구입 조건 AP + 제한사항이 더 있음을 나타냄 - 적용되지 않음을 나타낸다.
10	MIN	최소 체류 기간
11	MAX	최대 체류 기간
12	R	Routing Information M : MPM Fare R : Routing Fare

3) 선택 사항 지정 Entry 별 정리

ENTRY		설 명
1	FQDSELBKK/**ATG**	**특정항공사와 YY운임 조회**
2	FQDSELBKK/**ATG, CX, KE**	복수항공사 지정(최대 3개까지 가능)
3	FQDSELBKK/D**10OCT**	미래날짜지정 운임 조회
4	FQDSELBKK/**D15NOV13**	과거날짜지정 운임 조회(연도 지정필수)
5	FQDSELBKK/**DMAY**	1MAY부터 3개월간 운임 조회
6	FQDSELBKK/**D1MAY*15MAY**	**정확한 Out / In bound 날짜 지정**
7	FQDSELBKK/**CY**	특정 BKG CLS 지정
8	FQDSELBKK/**ATG/KF**	Cabin Position 지정(F.C.Y)
9	FQDSELBKK/**S**	Shopper Display
10	FQDSELLON/**VEH**	**GI를 지정한 운임 조회**
11	FQDSELBKK/**AKE/IX,L**	**낮은 운임에서 높은 운임으로 조회**
12	FQDSELBKK/**IO/R,NUC**	**편도운임 조회**
13	FQDSELBKK/**IR/R,NUC**	**왕복운임 조회**
14	FQDSELBKK/**IH/R,NUC**	**1/2RT 운임**
15	FQDSELBKK/**R,-GRP**	**그룹운임 조회**
16	FQDSELSFO/**R,-CH-IN-CD**	승객 Type 지정 조회(최대 3개까지)
17	FQDSELBKK/**R,-AT**	Tax 포함 운임 조회
18	FQDSELSEL/**AKE/VRW**	세계일주운임 조회
19	FQDLAXSTL/**AAA/R, -VA**	VUSA Fare 조회
20	FQDSELBKK/**R,U**	판매가(NEGO) 조회
21	FQDSELBKK/**R,U 숫자 기업코드**	기업 판매가 조회
22	FQDSELBKK/**R,U*기업코드**	기업 판매가 조회

4) 항공사 Code를 지정한 Entry

운임 조회시 특정 항공사 코드를 별도로 지정하지 않는 경우 기본적으로 YY 운임이 조회된다. 따라서 특정 항공사 운임 조회 시에는 반드시 항공사 Code를 지정하여야 하며 국가 별 국내선 구간 운임을 조회하는 경우에도 별도의 항공사 지정이 필요하다.

지시어1-1 국내선의 경우 항공사 지정하지 않는 경우

```
FQDSEASTL
```

응답화면

```
>FQDSEASTL
NO Fare ON THIS MARKET/CXR
```

해설 위의 응답화면은 항공사 Code를 지정치 않았기 때문에 동 구간의 운임을 보여주지 않는다.
따라서 국내선 구간의 운임 확인 시에는 응답화면에 나타난 항공사를 지정하여 조회하여야 한다.

지시어2-1 항공사 지정할 경우(DL항공사 지정)

```
FQDSEASTL/ADL
```

응답화면

```
FQDSEASTL/ADL/IX
AA  AS  CO  FL  F9  HP  UA  US  WN      XF MAY APPLY
                                   ZP EXCLUDED
                                   SURCHG MAY APPLY-CK RULE
29NOV13**29NOV13/DL SEASTL/NSP
LN Fare Basis    USD     PEN      DATES       DAYS AP  MIN MAX RTG
01 XA14X3NC      140.47  NRF   -          -   +  236 14+  -   -  149
```

```
02 XA14A0NQ     159.07  NRF  -        -  +  -  14+  -   -  149
03 XA21A0NQ     159.07  NRF  -        -  +  -  21+  -   -  149
```

지시어2-2 동 구간 AA항공사 지정할 경우

```
FQDSEASTL/AAA/IX
```

응답화면

```
FQDSEASTL/AAA/IX
AS  CO  DL  FL  F9  HP  UA  US  WN      XF MAY APPLY
                                        ZP EXCLUDED
                                        SURCHG MAY APPLY-CK RULE
29NOV13**29NOV13/AA SEASTL/NSP
LN Fare Basis   USD     PEN      DATES     DAYS AP  MIN MAX RTG
01 OA14LRD1     140.47  NRF  -        -     236 14+  -   -  549
02 SA21EBZ1     159.07  NRF  -        -  +  -   21+  -   -  401
03 OA14ERD1     159.07  NRF  -        -     -   14+  -   -  549
```

5) 간편 Entry

아래의 Entry들은 운임 화면(FQD) 또는 예약의 Availability 화면을 조회한 상태에서 상호 호환이 가능하도록 만든 간편 기능으로서 간단한 예약 및 운임 조회를 하거나 또는 사용자가 Passenger 전화 응대 시 사용하기 편리하도록 고안되었다.

	ENTRY	해 설
1	FQDN	NUC로 운임 조회
2	FQDL	출발지국 통화(Local Currency)로 운임 조회
3	FQDR	역방향 운임 조회

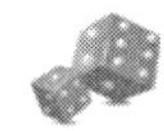

4	FQDC	/Option 사용하여 변환(예: FQDC/AKE/D15JUN
5	FCAN	운임화면을 예약가능편(Availability)화면으로 변환
6	FCSN	운임화면을 Schedule Table로 변환
7	ACF	예약가능편(Availability)화면을 운임화면으로 변환
8	ACF1	예약가능편(Availability)화면상의 1번 Line에 대해 운임화면으로 변환
9	MPFQD	FQD 이후의 후속 엔트리을 입력하여 작업하는 중에 기존의 운임 응답화면으로 돌아가기

3. Fare Rule 분석

운임별 Fare Note에는 해당 운임 별로 각기 다르게 적용되는 조건과 규정이 포함되어 있다. 이는 Fare Rule 로 불리기도 하며 다양한 운임 관련 정보를 포함하고 있으므로 해당 운임계산 시에는 반드시 숙지해야 한다.

1) Fare Note 조회

해당 Line 별 번호를 이용하여 Fare Note를 찾고자 하는 경우에 System은 Fare Display에 지정된 날짜에 따른 Note를 보여준다. 만약 과거 시점의 Note가 필요하다면 과거 일자의 운임을 조회한 후 해당 Line Number로 Note를 조회하면 된다.

FQDSELKUL/AKE/IX → FQN03 (운임라인번호)

응답화면

```
FQDSELKUL/AKE/IX
ROE 1120.972 UP TO 100.00 KRW
17DEC13**17DEC13/KE SELKUL/NSP;EH/TPM  2867/MPM  3440
LN Fare Basis    OW   KRW  RT   B PEN  DATES/DAYS   AP MIN MAX R
01 EHEKS               770000 E  +  S13DEC  28FEB   + -   6M R
02 HHEKS               850000 H  +  S13DEC  28FEB   - -   6M R
03 MHEKS               970000 M  +  S13DEC  28FEB   - -  12M R

                                            PAGE  1/ 2
>FQN3

FQN3
**  RULES DISPLAY  **                    TAX MAY APPLY
                                 SURCHG MAY APPLY-CK RULE
17DEC13**17DEC13/KE SELKUL/NSP;EH/TPM  2867/MPM  3440
LN Fare Basis    OW   KRW  RT   B PEN  DATES/DAYS   AP MIN MAX R
03 MHEKS               970000 M  +  S13DEC  28FEB   - -  12M R
FCL: MHEKS     TRF:  8 RULE: KS03 BK:  M
PTC: ADT-ADULT             FTC: XEX-REGULAR EXCURSION
RU.RULE APPLICATION
EXCURSION FareS FROM KOREA TO SOUTHEAST ASIA
 APPLICATION
                                       PAGE  1/12
```

2) Index를 이용한 Fare Note 조회

Fare Note는 Rule Application 조항부터 순서대로 보여지나 특정 Category를 별도로 지정하면 해당 Note만 열람할 수 있다. 또한 화면에 나타나는 Fare Note가 20Page를 초과하는 경우 시스템에서는 "MAX DATA EXCEEDED, RQST BY INDIVIDUAL RULE CODE"라는 응답이 생성되고 이러한 경우는 특정

Category를 이용하여 해당 Note를 조회하여야 한다.

지시어1-1

FQDSELPAR/AKE/IX→FQN25*L 혹은 FQN24//LI

응답화면

```
>FQDSELPAR/AKE/IX
ROE 1120.972 UP TO 100.00 KRW
17DEC13**17DEC13/KE SELPAR/NSP;TS/TPM  5626/MPM  8342
LN Fare Basis    OW   KRW  RT   B PEN  DATES/DAYS   AP MIN MAX R
01 ELXEKU              1300000 E  +      -    12345+  + -   12M R
                                    S01NOV  31MAR
                                              PAGE  1/ 5
24 MLWEKU              2031000 M  +      -       67+ -  -   12M R
                                    S01NOV  31MAR
                                              PAGE  2/ 5

FQN24//LI

FQN10//LI
**  RULES DISPLAY  **                      TAX MAY APPLY
                                    SURCHG   MAY   APPLY-CK
RULE
17DEC13**17DEC13/KE SELPAR/NSP;TS/TPM  5626/MPM  8342
LN Fare Basis    OW   KRW  RT   B PEN  DATES/DAYS   AP MIN MAX R
10 MLWEKU              2031000 M  +      -       67+ -  -   12M R
                                    S01NOV  31MAR
FCL: MLWEKU    TRF:  44 RULE: KU03 BK:  M
PTC: ADT-ADULT                FTC: XEX-REGULAR EXCURSION
OPTION LIST
   RU.RULE APPLICATION                MX.MAX STAY
   SE.SEASONS                         DA.DAY/TIME
```

SR.SALES RESTRICT	TR.TVL RESTRICTION
AP.ADVANCE RES/TKT	FL.FLT APPLICATION
CD.CHILD DISCOUNTS	TC.TOUR CONDUCTOR
AD.AGTS DISCOUNTS	OD.OTHER DISCOUNTS
SO.STOPOVERS	TF.TRANSFERS/RTGS
SU.SURCHARGES	TE.TKT ENDORSEMENT
PE.PENALTIES	CO.COMBINABILITY
VC.VOLUNTARY CHANGES	

지시어1-2

FQN24*SE,SO

응답화면

```
FQN24*SO,SE
**  RULES DISPLAY  **                         TAX MAY APPLY
                                       SURCHG    MAY    APPLY-CK
RULE
17DEC13**17DEC13/KE SELPAR/NSP;TS/TPM  5626/MPM  8342
LN Fare Basis    OW   KRW  RT   B PEN  DATES/DAYS   AP MIN MAX R
24 MLWEKU              2031000 M  +       -        67+ -   -  12M R
                                      S01NOV  31MAR
FCL: MLWEKU    TRF:  44 RULE: KU03 BK:   M
PTC: ADT-ADULT                  FTC: XEX-REGULAR EXCURSION
SE.SEASONS
FOR BASIC SEASON FareS
  PERMITTED 01NOV THROUGH 31MAR ON THE FIRST INTERNATIONAL
  SECTOR.
SO.STOPOVERS
  UNLIMITED STOPOVERS PERMITTED ON THE PRICING UNIT.
```

해설
- L : Rule Category
- FQN24*SE,SO : 그림 1-1의 Season과 Stopover의 규정만 체크해서 볼 수 있다.

3) 운임마디의 Fare Note 조회

자동운임 계산(FQP)을 한 결과 한 개 이상의 운임마디로 이루어진 운임에 대해 Fare Note를 확인하고자 하는 경우에는 시스템은 선택해야 할 운임마디 List를 보여준다.

지시어

FQPSEL/AKEPARSEL→FQN7→FQN7-1

응답화면

```
FQPSEL/AKEPARSEL

 * Fare Basis *   DISC     *   PTC         * Fare〈KRW〉  * MSG   *T
01 RRT           *          * 1           *   11896200  *RB     *Y
02 PRT           *          * 1           *   10497000  *RB     *Y
06 YRT           *          * 1           *    3671900  *RB     *Y
07 ELXEKU        *          * 1           *    1483400  *RB     *Y
*1-7*RESTRICTIONS MAY APPLY/Check FQN
*7*TICKET STOCK RESTRICTION

>FQN7

FQN7

7 - PTC 1 ADT
〉FQN 7-1     ADT SELPAR KE   ELXEKU     PU 1 S
```

```
>FQN 7-2     ADT PARSEL KE   ELXEKU     PU 1 S
                                             PAGE  1/ 1
>FQN7-1

 7 - PTC 1 ADT                              RULES DISPLAY
Fare COMPONENT  1     ADT SELPAR KE   ELXEKU     PU 1 S
FCL: ELXEKU     TRF:  44 RULE: KU03 BK:  E
PTC: ADT-ADULT                FTC: XEX-REGULAR EXCURSION
RU.RULE APPLICATION
EXCURSION FareS FROM KOREA TO EUROPE
```

해설
- 4번 운임규정 조회 후 첫 번째 FQN7-1 운임마디 Fare Note 조회
- 두 개의 운임마디를 합하여 한 번에 볼 수 있는 응용 Entry : FQPSEL/AKEPARSEL → FQN7-1*AP, CD

4. Tax 조회(HE TAX)

항공운임에 부과하여 징수되는 각 국가별 Tax 정보에 대한 자세한 내용은 국가 코드를 이용한 조회로 알아볼 수 있으며 해당 Entry는 아래와 같다.

1) 기본 Entry

```
FQNTAX/KR
```

응답화면

```
FQNTAX/KR
KR SOUTH KOREA
REPUBLIC OF KOREA TAX INFORMATION

** TAXES COLLECTABLE ON TICKET **
                                              TAX CODE


1. INTERNATIONAL PSC,DEPARTURE TAX               BP
   AND CONTRIBUTION TO INTERNATIONAL
   POVERTY ERADICATION

2. DOMESTIC PASSENGER SERVICE CHARGE              DA



-------------------------------------------------------


1. INTERNATIONAL PSC,DEPARTURE TAX AND CONTRIBUTION
   TO INTERNATIONAL POVERTY ERADICATION

TAX CODE ON TICKET:  * BP *
```

해설

- FQNTAX/SEL : 해당도시 세금 조회
- FQNTAX/US/YC : 미국 YC TAX

5. Routing 조회(HE FQR)

공시된 경유지와 항공사를 준수한다는 조건으로 운임 계산을 하는 방식으로 아래 화면에서 오른쪽 끝부분에 "R" 과 "M"이 지정되는데 R인 경우는 Routing System 적용, M인 경우는 Mileage System 적용운임이 된다.

지시어1-1

FQDSELLON/AKE/IL/R,NUC

응답화면

```
29NOV13**29NOV13/KE SELLON/NSP;TS/TPM  5646/MPM  8366
LN Fare Basis    OW    NUC  RT   B PEN  DATES/DAYS   AP MIN MAX R
17 YOW          1711.63          Y  -      -      -   + -  -   - M
27 MLWEKU              1811.82  M  +      -     67+ -  -   12M R
                                   S01NOV  31MAR
28 MLXEKU              1722.60  M  +      -  12345+ -  -   12M R
                                   S01NOV  31MAR
```

지시어1-2 상기 화면에서 28번 운임의 Routing 보고자 할 때

FQR28

응답화면

```
>FQR28
FQR28
ROE 1120.972 UP TO 100.00 KRW
29NOV13**29NOV13/KE SELLON/NSP;TS/TPM  5646/MPM  8366
LN Fare Basis    OW    NUC  RT   B PEN  DATES/DAYS   AP MIN MAX R
28 MLXEKU              1722.60  M  +      -  12345+ -  -   12M R
```

```
                                S01NOV   31MAR
ADDON           SPECIFIED  KE9305  ADDON           EFF21AUG13
  1 * SEL-LON
  2 * SEL-PAR/AMS-AF-LON
  3 * SEL-AMS-KL-LON
  4 * SEL-ZRH-LX-LON
  5 * SEL-ZRH-VIE-OS/BA-LON
  6 * SEL-MAD-UX/IB-LON
  7 * SEL-ROM-MIL-AZ/BA-LON
  8 * SEL-ROM-AZ-LON
  9 * SEL-MOW-SU-LON
 10 * SEL-IST-TK-LON
 11 * SEL-PAR/FRA/ROM/MAD/ZRH/PRG/IST/AMS/LED/MOW-BA-LON
```

해설 인천에서 런던 가는 다양한 노선이 나타나고 적정한 것을 선택하면 된다.

6. Mileage 조회(HE FQM)

최대 29개 도시까지 Mileage 확인이 가능하며, 날짜, GI(Grobal Indicator), 비항공운송 구간 등의 Option 또한 Entry에 포함하여 조회할 수 있다.

지시어1

FQMSELTYOBOMDELLONPAR

응답화면

```
>FQMSELTYOBOMDELLONPAR

FQM   SEL   TYO   BOM   DEL   LON   PAR
CTY   DC   TPM   CUM   MPM  DC LVL   HGL   LWL   25M  XTRA
SEL  3
TYO  3 EH   758    758    909   EH   0M    151     0   1136     0
BOM  3 EH  4201   4959   4148   EH  20M     18   189   5185     0
DEL  3 EH   708   4967   3576   EH  EXC      0   497   4470   700
LON  2 EH  4163   9830   8914   EH  15M    421    25  11142     0
PAR  2 EH   214  10044   8684   EH  20M    376    58  10855     0
```

해설

	코드	해 설
1	CTY	도시코드
2	DC	각 구간별 GI
3	TPM	두 도시간 실제거리
4	CUM	출발지로부터의 TMP합
5	MPM	두 도시간 최대 허용 마일리지
6	DC	MPM에대한 GI 코드
7	LVL	MPM 대비 TPM 할증률
8	<HGL	다음 초과율까지 남은 거리
9	>LWL	이전 초과율에 도달하기까지 남은 거리
10	20M	20M 할증시 MPM값
11	XTRA	Extra Mileage 허용마일
12	3	AREA3
13	EXC	25M 초과 운임 분리

지시어2

	형태	해설
1	FQMSELBKK/VATNYC	특정 구간 GI를 지정하여 Mileage 조회하는 경우
2	FQM*SELSYD	특정 구간 Mileage 할증 Table 조회

7. Currency 변환(HE FQC)

유효한 ROE(Rate of Exchange)및 BSR, BBR을 이용한 Currency 변환 기능으로 날짜를 지정하는 경우 과거 12개월 전까지의 환율을 적용한 Currency 변환이 가능하다.

1) 통화 변환 기본 Entry

별도의 특별한 Currency 지정이 없는 경우, 터미널이 위치한 도시의 Currency를 기준으로 한 다른 통화와의 변환이 이루어진다. 즉, 한국 내에서 통화 변환을 요청하는 경우라면 KRW로 자동 변경됨을 의미하는 것이다.

지시어

FQC100GBP/KRW

응답화면

```
>FQC100GBP/KRW

FQC100GBP/KRW
```

```
BSR CONVERSION OF GBP TO KRW
KRW 171600 - ROUNDED AS FareS
KRW 171600 - ROUNDED AS OTHER CHARGES
KRW 171563 - AMOUNT TRUNCATED
BSR USED 1 GBP = 1715.63 KRW EFF 10SEP13
ROUNDING OF FareS UP TO 100 KRW
ROUNDING OF OTHER CHARGES UP TO 100 KRW
GBP - POUND STERLING
KRW - S.KOREAN WON
```

(응용 Entry)

	Entry	해설
1	FQC100GBP	• FROM : 100GBP ⇒ 터미널 도시의 설정 통화로 자동 변환
2	FQCGBP FQC*GB FQC*LON	• 해당통화의 환율 정보만 확인하기 • GBP : 통화 코드(예 : Pound Sterling) • GB : 국가 코드(예 : 영국) • LON : 도시 코드(예 : 런던)
3	FQC100USD/KRW1500	• BSR을 이용한 통화 변환 • FROM : 100USD ⇒ TO : 1500원 환율로 KRW로 변환 • 항공권 재 발행시에 유용

2) 날짜를 지정한 변환

Entry의 마지막 부분 즉 "/" 다음에 날짜(DDMMMYY)를 지정할 수 있으며 과거 12개월 전까지 조회가 가능하다.

FQCUSD/KRW/20MAY13

응답화면

```
> FQCUSD/KRW/20MAY13

FQCUSD/KRW/20MAY13
BSR CONVERSION OF USD TO KRW
BSR USED 1 USD = 1123.40 KRW EFF 14MAY13 DISC 20MAY13
BBR NOT AVAILABLE
ICH CONVERSION OF USD TO KRW
ICH USED 1 USD = 1117.696 KRW EFF 01MAY13
ROUNDING OF FareS UP TO 100 KRW
ROUNDING OF OTHER CHARGES UP TO 100 KRW
USD - US DOLLAR
KRW - S.KOREAN WON
```

8. IATA 환율 조회(HE FQA)

통화코드, 국가 코드, 도시코드를 이용하여 ROE(Rate of Exchange)를 확인하는 기능이며 Topas sell connect 에서는 과거 12개월 전까지의 ROE를 열람할 수 있다.

지시어1

FQAKRW

응답화면

```
>FQAKRW
FQAKRW
              EFF 01SEP13 ***   DISC INDEF
1 NUC      1120.972 KRW          ROUNDING UP TO      100.00   KRW
NUC - NEUTRAL UNIT OF CONSTRUCTION
KRW - S.KOREAN WON
```

지시어2 과거일 지정할 경우

FQA*PAR/24NOV14

응답화면

```
>FQA*PAR/24NOV13
FQA*PAR/24NOV13
              EFF 01SEP13 ***   DISC INDEF
1 NUC      0.760562 EUR          ROUNDING UP TO        1.00   EUR
NUC - NEUTRAL UNIT OF CONSTRUCTION
EUR - EURO
```

해설 과거 1년 이내의 환율을 볼 수 있다.

9. Excess Baggage Charges(FQX) 조회

기본적인 Excess Baggage Charge 계산 방식은 Normal Economy Class Fare기준 1.5% 수준이나 항공사마다 다소의 차이가 있을 수 있다. 단 초과 수하물 계산 기능은 현재 Weight System 적용 지역에만 도입되어 있다.

지시어1

FQXSELPAR/15.5

응답화면

```
>FQX SELPAR/28SEP08/15.5/KE/KRW
  RATE    /GI/KILOS/  TOTAL    /
    25920/AP/ 15.5/     401800/
    23785/EH/ 15.5/     368700/
    23785/TS/ 15.5/     368700/
```

해설 방향지표 GI에 따라 수화물 운임을 적용하고 별도 지정이 없는 한 YY Fare 기준, 출발지 통화 기준의 금액이 공시된다.

지시어2 날짜 및 항공사, 통화를 지정한 Entry

FQXSELOSA/11MAY09/22/JL/KRW

응답화면

```
>FQX SELOSA/11MAY09/22/JL/KRW
  RATE    /GI/KILOS/  TOTAL    /
     4366/EH/ 22.0/      96100/
```

해설 22 : 22KG을 의미

10. 자동 운임계산 기능

1) Informative Pricing(HE FQP)

Informative Pricing Transaction(FQP)란 완성된 PNR 없이 여정만으로 운임을 산출하는 방법으로 운임의 정보 추정 차원에서 다양한 방법으로 Pricing이 가능하다. Informative Pricing시 도시 코드보다는 **공항코드**를 이용하여 Pricing을 실행하는 것이 정확한 Tax 산출을 위해 바람직하다.

(1) Pricing Condition

- Group Fare와 Air Pass 운임을 제외
- 과거 24개월 이전, 미래 12개월 후까지 적용 가능
- 왕복 기준 16개 SEG, 편도 기준 15개 SEG(최대 2개의 Surface 포함)까지 Pricing 가능

(2) Pricing Assumption

Informative Pricing 시 어떠한 Option도 포함하지 않았다면 시스템은 하기 조건으로 운임을 선출한다.

- 성인 운임
- 첫 Segment는 오늘 출발, 나머지는 Segment는 날짜 미확정으로 처리
- Class별 높은 운임에서 낮은 운임 순으로 계산 값을 보여줌
- 여행사의 경우 YY Fares, 항공사의 경우 해당 항공사 운임
- 모든 도시 체류

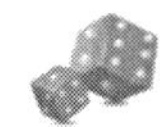

(3) Informative Pricing(FQP) 지시하기

지시어1

FQPSELHKGSEL

응답화면

```
>FQPSELHKGSEL

 * Fare Basis *  DISC    *  PTC        * Fare(KRW)  * MSG   *T
01 F           *          * 1        *   1914100  *RB     *Y
02 C           *          * 1        *   1637800  *RB     *Y
03 Y           *          * 1        *   1195800  *RB     *Y
04 KLWEE1M      *         * 1        *   1070500  *RB     *Y
05 MLWPX15      *        * 1        *    916000  *RB     *Y
```

지시어2 상기 응답화면에서 5번을 아래 Entry로 선택한 경우

FQQ5 (가로보기)

응답화면

```
>FQQ5

05 MLWPX15      *          * 1          *     916000  *RB     *Y

LAST TKT DTE 28SEP08 - DATE OF ORIGIN
----------------------------------------------------------
    AL FLGT  BK T DATE  TIME  Fare Basis      NVB  NVA    BG
 SEL
 HKG KE        M  M 28SEP          MLWPX15        28SEP28SEP 20
 SEL KE        M   M               MLWPX15        28SEP28SEP 20
```

```
KRW    870200        28SEP08SEL KE HKG Q98.00 324.00KE SEL Q
                     98.00 Q4.22 324.00NUC848.22END ROE
KRW     28000BP     1025.900000
KRW     17800HK

KRW    916000
PRICED WITH VALIDATING CARRIER KE - REPRICE IF DIFFERENT VC
PENALTY APPLIES - Check RULES
```

지시어3 상기 응답화면에서 5번을 아래 ENTRY로 선택한 경우

FQH5 (세로보기)

응답화면

```
>FQH5

 FCP  AL  BK TPM   MPM   EMA  EMS R GI CC  NVB  NVA    BG
 SEL
 HKG  KE  M  1295  1554          M EH KE 28SEP28SEP   20
Fare Basis:MLWPX15        AMOUNT IN NUC:          324.00
 SEL  KE  M  1295  1554          M EH KE 28SEP28SEP   20
Fare Basis:MLWPX15        AMOUNT IN NUC:          324.00

Q:   SELHKG                                  98.00
     HKGSEL                                  98.00
     HKGSEL                                   4.22

TOTAL Fare CALCULATION:                     848.22
ROE: 1025.900000             Fare KRW:      870200
TAX: BPDP            28000   HKAE         17800
TOTAL:                                      916000
```

해설 더 세부적으로 각 항공사를 지정하고 GI로 지정한다면 상기와 같이 진행하면 된다.

지시어

FQPSELBKKSEL→FQN3→FQN3-1

응답화면

```
 FQN3-1

FQN3-1
 3 - PTC 1 ADT                                RULES DISPLAY
Fare COMPONENT  1    ADT SELBKK YY  Y
FCL: Y          TRF:2008 RULE: T112 BK:  Y
PTC: ADT-ADULT               FTC: EU -ECONOMY UNRESTRICTED
RU.RULE APPLICATION
 NORMAL FareS BETWEEN SOUTH EAST ASIA-EXCEPT MICRONESIA-
 AND JAPAN/KOREA -REP.OF-
 APPLICATION
   AREA
     THESE FareS APPLY
     BETWEEN KOREA (REPUBLIC OF) AND SOUTHEAST ASIA/RUSSIA
                                          PAGE  1/ 6
```

해설 더 세부적으로 각 항공사를 지정하고 GI로 지정한다면 상기와 같이 진행하면 된다.

(4) Informative Pricing(FQP) 추가 Option Entry

앞에서 언급한 바대로 입력 Entry에 정확한 Option의 추가만 이루어진다면 좀 더 명확하고 간결한 운임계산 내역을 조회할 수 있다. 특히 Option은 종류에 따라서 여정 중간에 위치하는 경우와 여정의 맨 끝에 위치하는 경우로 나눌 수 있다. 예를 들어 Option이 포함되지 않은 형태의 간단한 Entry는 승객이 여행하는 도시의 순차적인 나열로서 가능하며 그 Entry는 아래와 같다

FQPICN/D1AUG/AKE/CF/VEHCAI--LON/D10AUG/ABA/CY/VTSICN/RCH

응답화면

```
 FQPICN/D1AUG/AKE/CF/VEHCAI--LON/D10AUG/ABA/CY/VTSICN/RCH

 * Fare Basis *  DISC     *  PTC        * Fare〈KRW〉 * MSG   *T
01 FOW+YIF     * CH        * 1           *    5062100  *       *Y
02 FRT+YIF    * CH        * 1           *   4382000  *SR     *Y
>
FQQ2

02 FRT+YIF    * CH        * 1           *   4382000  *SR     *Y

LAST TKT DTE 01AUG15 - DATE OF ORIGIN
---------------------------------------------------
     AL FLGT  BK   DATE  TIME  Fare Basis      NVB  NVA   BG SEL
 CAI KE        F     01AUG        FRT/CH00              01AUG 3P
 LON       S U R F A C E
 SEL BA        Y     10AUG        YIF/CH25              01AUG 2P

KRW   4128300       01AUG15SEL KE CAI2511.28/-LON BA SEL
                 1201.48NUC3712.76END ROE1111.900000
KRW     52600YR
KRW   173100YQ
KRW     28000BP
KRW   4382000
BG CXR: KE/BA
PRICED VC KE - OTHER VC AVAILABLE BA
```

해설 FQQ2를 눌러 계속해서 상세 운임 내역을 볼 수 있다.

(자주 사용하는 Option)

	요청 내용	Option	위치
1	특정 항공사 지정	/ALH	해당 도시 사이
2	전구간 같은 항공사 지정	/OLH	Entry의 마지막
3	특정 날짜 지정	/D10MAY	해당 도시 사이
4	Booking Code 지정	/CF	해당 도시 사이
5	Fare break point 지정	/B	해당 도시
6	Grobal Indicator 지정	/VTS	해당 도시 사이
7	할인 운임 Code 지정	/RCH	Entry의 마지막
8	승객 Type Code (PTC) 지정	/RMIL	Entry의 마지막
9	항공권 발행지 지정	/R,SEL.SEL	Entry의 마지막 R, SEL: 판매지 .SEL: 발권지
10	Stopover Point 지정	_	해당 도시 뒤
11	Surface Sector 지정	_ _	해당 도시 사이
12	Group Fare 지정	/RGV, /RGV-CH	Entry의 마지막
13	IT Fare 지정	/RIT, /RIT-CH	Entry의 마지막

(기타옵션)

	요청 내용	Option	위치
1	Turnaround Point 지정	/T	해당 도시
2	Lowest Price 지정	/L	Entry의 마지막
3	거울 여정(Mirror Image)	/	Entry의 마지막
4	Tax면제 지정	/R,ET	Entry의 마지막

5	Tax 제외 지정	/R,WT	Entry의 마지막
6	Stopover & Surface Sector 지정	_ _ _	해당 도시 사이
7	Night Fare 지정	/H	해당 도시 사이
8	Aircraft Type 지정	/E744	해당 도시 사이
9	Ticketing Date 지정	/R, 02NOVC02	Entry의 마지막
10	운임분리지점 강제 미지정	/N	해당 도시앞

해설 항공사 지정 Option및 Class지정 Option을 포함하는 경우에 새로운 항공사 또는 Booking Code 가 추가되기 전까지는 처음 지정된 Option이 뒤따라오는 전 여정에 그대로 적용됨을 유의해야 한다.

(5) 할인 Code및 Passenger Type Code

New Topas Fare System은 Discount Code와 Passenger Type Code를 병행해서 사용하고 있다. 다음과 같은 간략한 비교 도표를 통하여 자주 사용되는 Option Code 중심으로 살펴보기로 한다.

	구 분	Discount Code	Passenger Type Code
1	Infant(유아)	IN	INF
2	Child(소아)	CH	Cnn(C08-8살소아)
3	Adult(성인)	_	ADT
4	Student(학생)	SD	STU
5	Youth(청소년)	ZZ	YTH
6	Seaman(선원)	SC	SEA
7	Military(군인)	MM	MIL
8	Emigrant(이민)	EM	EMI

9	Agent(여행사)	AD	AGT
10	Air Industry Employee(항공사직원)	ID	
11	Senior Citizen(경로우대)	CD	YCD
12	Individual Inclusive Tour(개인 패키지)	IT	IIT
13	Group Inclusive Tour(단체)	GV	GIT
14	Tour Conductor(여행 인솔자)	CG	TUR

해설 할인 코드 및 PTC(Passenger Type Code) 모두 사용 가능하나 할인 코드 사용이 편리하다. 하지만 성인의 경우에는 할인 코드가 없으므로 PTC를 사용해야 한다.

2) PNR Pricing

PNR이 있는 경우 사용할 수 있는 자동운임 계산 방법으로서 단순 Pricing 외에 F/B(운임분리지점), Segment 지정 등 특정 옵션을 이용한 Pricing, 각 상황에 따른 Pick-up Entry 적용방식 및 Redisplay Entry 등에 대해서 구체적으로 알아보자.

	Entry	해 설
1	FXP	Price PNR and Store TST
2	FXX	Price PNR without Storing TST
TST란 운임 저장 후 발권하기 위한 정보가 저장된 Field		

(1) PNR Pricing 순서

① 예약번호 조회 : RT예약번호

PNR조회 → FXP → FXT2 → ER → TQT

```
>RT4E7PTZ
--- TST RLR ---
RP/SELK13919/SELK13919          6E/SU   2DEC13/0412Z   4E7PTZ
0987-8549
  1.LEE/ALICEMS
  2  TG 635 Q 20MAY 2 ICNBKK HK1          1730 2250    *1A/E*
  3  TG 692 Q 25MAY 7 BKKICN HK1          0730 1455    *1A/E*
  4 AP 02-123-4567
  5 TK OK02DEC/SELK13919
```

② FXP(자동계산)

```
>FXP

FXP
 * Fare Basis *  DISC    *  PSGR       * Fare KRW    * MSG   *T
01 YLEE1M      *          * P1         *    1258000  *        *Y
02 YLPX15      *          * P1         *    1042300  *        *Y
```

③ FXT2(적용운임선택)

```
>FXT2
FXT2
01 LEE/ALICE*
--------------------------------------------------------
     AL FLGT  BK   DATE  TIME  Fare Basis      NVB  NVA   BG
```

```
 SEL
 BKK TG  0635 Q    20MAY 1730  YLPX15           20MAY20MAY 20
 SEL TG  0692 Q    25MAY 0730  YLPX15           25MAY25MAY 20
KRW    856700      20MAY14SEL TG BKK382.12TG SEL382.12NUC
                764.24END ROE1120.972000
KRW    122800YQ     XT KRW 28000BP KRW 23800TS
KRW     11000YQ
KRW     51800XT
KRW   1042300
BG CXR: TG/TG
PRICED WITH VALIDATING CARRIER TG - REPRICE IF DIFFERENT VC
10 PERCENT PENALTY APPLIES
ENDOS NONREF/PEX VOLUNTARY CHNGS RESTRICTED
```

④ ER(운임저장)

```
--- TST RLR ---
RP/SELK13919/SELK13919          6E/SU  2DEC13/0412Z  4E7PTZ
0987-8549
RF PSGR
  1.LEE/ALICEMS
  2  TG 635 Q 20MAY 2 ICNBKK HK1          1730 2250    *1A/E*
  3  TG 692 Q 25MAY 7 BKKICN HK1          0730 1455    *1A/E*
  4 AP 02-123-4567
  5 TK OK02DEC/SELK13919
  6 FE PAX NONREF/PEX VOLUNTARY CHNGS RESTRICTED/S2-3
  7 FV PAX TG/S2-3
```

해설 TST RLR : PNR에 운임 저장됨을 나타낸다.

⑤ TQT(저장내용 확인)

```
>TQT

TST00003      SELK13919 6E/02DEC I 0            OD SELSEL SI
T-
FXP
   1.LEE/ALICEMS
 1   ICN TG  635 Q 20MAY 1730  OK YLPX15          20MAY20MAY 20K
 2 O BKK TG  692 Q 25MAY 0730  OK YLPX15          25MAY25MAY 20K
      ICN
Fare  F KRW      856700
TX001 X KRW   122800YQAC TX002 X KRW    11000YQAD TX003 X
KRW     28000BPDP
TX004 X KRW     23800TSLA
TOTAL    KRW     1042300
GRAND TOTAL KRW     1042300
SEL TG BKK382.12TG SEL382.12NUC764.24END ROE1120.972000

  6.FE NONREF/PEX VOLUNTARY CHNGS RESTRICTED
  7.FV TG
```

(2) 저장하지 않고 Pricing

PNR조회 → FXX → FQQ2 또는 FQH2

```
>FXX
FXX
 * Fare Basis *  DISC     *  PSGR       * Fare KRW    * MSG   *T
01 YLEE1M       *          * P1        *    1258000  *        *Y
02 YLPX15       *          * P1        *    1042300  *        *Y
                                                  PAGE   1/ 1
```

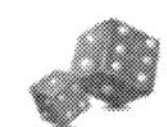

```
>FQH2
FQH2
  FCP  AL  BK TPM   MPM   EMA  EMS R GI CC  NVB  NVA    BG
  SEL
  BKK  TG  Q  2286  2743          M EH YY 20MAY20MAY   20
 Fare Basis:YLPX15          AMOUNT IN NUC:          382.12
  SEL  TG  Q  2286  2743          M EH YY 25MAY25MAY   20
 Fare Basis:YLPX15          AMOUNT IN NUC:          382.12
 TOTAL Fare CALCULATION:                            764.24
 ROE: 1120.972000                 Fare KRW:       856700
 TAX: YQAC          122800  YQAD          11000
      BPDP           28000  TSLA          23800
 TOTAL:                                   1042300
```

해설 운임계산 내역 : FQQ2(가로보기) 또는 FQH2(세로보기)

(3) PNR Pricing 주요옵션

	Entry		해 설
1	FXP/P2,3	FXX/P2,3	승객 지정(PSGR Association)
2	FXP/S2-5	FXX/S2-5	여정지정(Segment Association)
3	FXP/RCD	FXX/RCD	DICS 코드지정(PSGR DICS Code)
4	FXP/INF	FXX/INF	유아지정(INF Association)
5	FXP/PAX	FXX/PAX	모든 승객 PNR Pricing(유아제외)

11. 최적의 운임(Best Pricer)

최적의 운임이란 현재 예약되어 있는 여정에 대해서 또 다른 더 낮은 수준의 적용 가능한 Booking Class를 체크하여 그 상황에서 최적의 운임 산출 결과치를 보여주는 것으로 Best Pricer라고도 한다.

1) Best Pricer 주요 Entry 기능 요약

	Entry	해 설
1	FXB	하위운임으로 pricing, 재예약 및 TST 정보생성 Rebook to the lowest fare and Creates TST
2	FXR	하위운임으로 pricing, 재예약 및 TST 정보 비생성 Rebook to the lowest fare and No Creates TST
3	FXA후 FXU 혹은 FXZ	FXA : 하위 운임으로 요금 산출 Display a list of lower fares
		FXU : FXA후 재예약(TST생성) Selects fare after FXA Rebooks and Creates TST
		FXZ : FAXGN 재예약(TST 비 생성) Selects fare after FXA Rebooks and no Creates TST
4	FXL	좌석 예약 가능 상태를 고려, 예약 가능한 가장 저렴한 운임산출 재 예약 및 TST 비생성 Display the lowest Possible fare the system also Inform you about seat Availablity

2) FXB의 활용

기존 예약과 비교하여, 하위 클래스 운임으로 Pricing 재예약 및 TST 정보를 생성한다.

지시어1-1 예약번호 조회

```
RT4E7PTZ
```

응답화면

```
--- RLR ---
RP/SELK13919/SELK13919          6E/SU   3DEC13/0021Z   4E7PTZ
0987-8549
  1.LEE/ALICEMS
  2  TG 659 Y 20MAY 2 ICNBKK HK1          0935 1325   *1A/E*
  3  TG 692 Y 25MAY 7 BKKICN HK1          0730 1455   *1A/E*
  4 AP 02-123-4567
  5 TK OK03DEC/SELK13919
```

지시어1-2 FXB 활용

```
FXB
```

응답화면

```
>FXB
FXB
01 LEE/ALICE*
NO REBOOKING REQUIRED FOR LOWEST AVAILABLE Fare
-----------------------------------------------------
    AL FLGT  BK   DATE  TIME  Fare Basis      NVB  NVA   BG
 SEL
 BKK TG  0659 Q   20MAY 0935  YLPX15          20MAY20MAY 20
 SEL  TG  0692 Q   25MAY 0730  YLPX15          25MAY25MAY 20
```

```
KRW   856700      20MAY14SEL TG BKK382.12TG SEL382.12NUC
                764.24END ROE1120.972000
KRW   122800YQ    XT KRW 28000BP KRW 23800TS
KRW    11000YQ
KRW    51800XT
KRW  1042300
BG CXR: TG/TG
PRICED WITH VALIDATING CARRIER TG - REPRICE IF DIFFERENT VC
10 PERCENT PENALTY APPLIES
ENDOS NONREF/PEX VOLUNTARY CHNGS RESTRICTED
```

해설 Booking CLS Y에서 하위수준 Q로 변경됨을 볼 수 있다.

지시어1-3 재 저장

ER

응답화면

```
--- TST RLR ---
RP/SELK13919/SELK13919        6E/SU  3DEC13/0021Z   4E7PTZ
0987-8549
RF PSGR
  1.LEE/ALICEMS
  2  TG 659 Q 20MAY 2 ICNBKK HK1        0935 1325   *1A/E*
  3  TG 692 Q 25MAY 7 BKKICN HK1        0730 1455   *1A/E*
  4 AP 02-123-4567
  5 TK OK03DEC/SELK13919
  6 FE PAX NONREF/PEX VOLUNTARY CHNGS RESTRICTED/S2-3
  7 FV PAX TG/S2-3
```

해설 • ER 후 화면에 NEED RECEIVED FROM 돌출 시 RF PSGR 하면

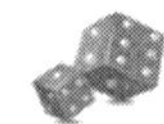

다음 상황으로 진행.

• TST RLR : 새로운 예약 정보가 생성 저장되었음.

3) XA후 FXU로 재예약하기

지시어1-1 기존 운임이 생성된 예약번호 조회

```
RT4FGPBG
```

응답화면

```
>RT4FGPBG

--- TST RLR ---
RP/SELK13919/SELK13919          6E/SU   3DEC13/0051Z   4FGPBG
0988-6221
  1.KANG/MINKYUNGMS
  2  KE 643 Y 20MAY 2 ICNSIN HK1         1420 1930    *1A/E*
  3  KE 642 Y 25MAY 7 SINICN HK1      2  0110 0825    *1A/E*
  4 AP 02-123-4567
  5 TK OK03DEC/SELK13919
  6 OPW SELK13919-16JAN:1800/1C7/KE REQUIRES TICKET ON OR BEFORE
        17JAN:1800/S2-3
  7 OPC SELK13919-17JAN:1800/1C8/KE CANCELLATION DUE TO NO
        TICKET/S2-3
  8 FE PAX NONENDS./S2-3
  9 FV PAX KE/S2-3
```

해설 TST RLR : 기존 운임이 생성된 예약번호 조회

지시어1-2 FXA의 활용

```
FXA
```

응답화면

```
>FXA
FXA
 * Fare Basis *  DISC     *   PSGR       * Fare KRW    * MSG   *T
01 YRT+YLRTKE *              * P1         *    1543800  *        *Y
02 YLRTKE      *             * P1         *    1387500  *        *Y
03 ELEKS       *             * P1         *     737500  *        *Y
*3*TICKET STOCK RESTRICTION
```

해설 기존 Fare Basis인 YLRTKE 에 추가로 1번과 하위운임인 3번도 같이 화면에서 볼 수 있다.

지시어1-3 FXU의 활용

```
FXU3
```

응답화면

```
>FXU3

FXU3
03 ELEKS       *             * P1         *     737500  *RB      *Y
ITINERARY REBOOKED
----------------------------------------------------------------
    AL FLGT  BK    DATE   TIME   Fare Basis      NVB   NVA    BG
 SEL
 SIN KE   0643 E *  20MAY 1420   ELEKS                 20NOV  1P
 SEL KE   0642 E *  25MAY 0110   ELEKS                 20NOV  1P
```

```
KRW    680100       20MAY14SEL KE SIN Q58.00 245.32KE SEL Q
                    58.00 245.32NUC606.64END ROE1120.972000
KRW     28000BP     XT KRW 5300OP KRW 69000O
KRW     17200SG
KRW     12200XT
KRW    737500
TICKET STOCK RESTRICTION
BG CXR: KE/KE
PRICED WITH VALIDATING CARRIER KE - REPRICE IF DIFFERENT VC
50000 KRW PENALTY APPLIES
```

해설
- FXU3 : 3개 제시된 운임중 제일 낮은 3번을 선택함
- Y에서 E로 변경된 것을 확인할 수 있다.

재 설정

```
ER
```

응답화면

```
--- TST RLR ---
RP/SELK13919/SELK13919          6E/SU   3DEC13/0051Z   4FGPBG
0988-6221
RF PSGR
  1.KANG/MINKYUNGMS
  2  KE 643 E 20MAY 2 ICNSIN HK1          1420 1930    772 E 0
     SEE RTSVC
  3  KE 642 E 25MAY 7 SINICN HK1       2  0110 0825    773 E 0
     SEE RTSVC
  4 AP 02-123-4567
  5 TK OK03DEC/SELK13919
  6 OPW SELK13919-05DEC:1800/1C7/KE REQUIRES TICKET ON OR BEFORE
        06DEC:1800/S2-3
```

```
7 OPC SELK13919-06DEC:1800/1C8/KE CANCELLATION DUE TO NO
     TICKET/S2-3
8 FE PAX NONENDS. RISS CHRG APPLY-KRW40000. RFND PNTY
    APPLY-KRW50000. NO MILE UG./S2-3
9 FV PAX KE/S2-3
```

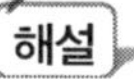

- ER 후 화면에 NEED RECEIVED FROM 돌출 시 RF PSGR 하면 다음 상황으로 진행
- TST RLR : 새롭게 재 저장
- Y에서 E로 새롭게 변경

4) FXL의 활용

좌석 예약 상태를 고려 예약 가능한 가장 저렴한 운임 산출하는 기능이다. 재 예약되지 않으며 TST 정보도 생성되지 않는다.

지시어1-1 기존 예약번호 조회

```
RT4FHBNT
```

응답화면

```
--- RLR ---
RP/SELK13919/SELK13919          6E/SU   3DEC13/0236Z   4FHBNT
0960-9666
  1.KANG/MINKYUNGMS
  2  AF 257 Y 20MAY 2 SINCDG HK1  2200 1  2300 0610+1 *1A/E*
  3 AP 02-123-4567
  4 TK OK03DEC/SELK13919
  5 OPW SELK13919-09MAY/1C7/AF REQUIRES TICKET ON OR BEFORE
       11MAY/S2
  6 OPC SELK13919-12MAY/1C8/AF CANCELLATION DUE TO NO TICKET/S2
```

지시어1-2 FXL의 활용

```
FXL
```

응답화면

```
>FXL
FXL
01 KANG/MINKY*
LOWEST PRICE IS AVAILABLE
-------------------------------------------------
    AL FLGT  BK   DATE  TIME  Fare Basis      NVB  NVA   BG
 SIN
 PAR AF  0257 M *  20MAY 2300  MFFWSG                     1P
SGD  1806.00      20MAY14SIN AF PAR1444.45NUC1444.45END ROE
KRW  1555300        1.250300
KRW   226900YR     XT KRW 5300OP KRW 6900OO
KRW    17200SG
KRW    12200XT
KRW  1811600
RATE USED 1SGD=861.18000KRW
TICKET STOCK RESTRICTION
BG CXR: AF
PRICED WITH VALIDATING CARRIER AF - REPRICE IF DIFFERENT VC
ENDOS NON ENDO/ Fare RSTR COULD APPLY
```

해설

- 예약가능 상태를 고려 기존 운임보다 저렴한 **M 클래스** 운임으로 산출된 화면에 운임이 보여진다.
- **LOWEST PRICE IS AVAILABLE** : 가장 낮은 운임
- FXL로 지시했을 경우 재 예약이 생성되지 않는다.
- 작업 진행중 화면에 **LOWEST SOLD OUT//TRY WAIT LIST**라는 경고 메세지가 메시지가 보여질 때는 FXL후 좌석이 없는 경우고 단지 낮은 수준의 운임만을 보여진다.

12. Master Pricer Expert 및 Low Fare Search

입력된 여정에 대해 예약 가능한 비행 편과 운임정보를 추천하여 주는 기능으로 여행정보만으로 또는 PNR을 이용하여 검색이 가능하다.

1	Entry 화면에서 최대 50개까지 이용 가능하다
2	최저가부터 조회되고 Booking 한다.
3	2 Surface 포함, 6개 Segment까지 검색가능하다.

추천운임 결과 조회 후 FXU(Rebook and Creat TST)와 FXZ(Rebook and without TST Creation)을 이용하여 예약 가능하다.

1) FXD 이용하기

지시어1-1

```
FXDICN/D20MAYAKL/D26MAYICN
```

응답화면

```
>FXDICN/D20MAYAKL/D26MAYICN

FXDICN/D20MAYAKL/D26MAYICN
25 GROUPS AND 50 RECOMMENDATIONS RETURNED FROM KRW
1042700 TO 2610300
---- RECOMMENDATION 1 OF 2 IN GROUP 1 (KRW 1042700)----
  PTC        CUR                    TAX             Fare Basis
1 ADT      1 KRW    1042700      322700          ZLPRK36
  TOTAL    1 KRW    1042700      322700
```

```
1    CZ 338  R  20MAY  ICN   CAN    1355  1700   E0 321
     CZ 305  Z  21MAY  CAN   AKL    0030  1700   E0 332  2305
2    CZ 306  Z  26MAY  AKL   CAN    2300  0600+1 E0 332
     CZ 337  R  27MAY  CAN   ICN    0855  1255   E0 321  1755
  FXS1 TO SELECT      FXZ1 TO BOOK       FXU1 TO BOOK AND
CREATE TST
1 100000 KRW PENALTY APPLIES
---- RECOMMENDATION 1 OF 1 IN GROUP 2 (KRW 1258300)----
  PTC        CUR                TAX            Fare Basis
1 ADT      1 KRW   1258300    358300           GKRSWP+SKRSWP
  TOTAL    1 KRW   1258300    358300
1OZ:NZ4056  G  20MAY  ICN   NRT 1  1510  1730   E0 74E
     NZ  90  G  20MAY  NRT 1 AKL I  1830  0820+1 E0 772  1410
2    NZ  99  S  26MAY  AKL I NRT 1  0815  1625   E0 772
```

해설 FXD를 이용하여 ICN 20MAY AKL 26MAY 구간의 운임 산출을 조회하였더니 최저 KRW 1042700부터 2610300까지 적용가능 운임과 예약 가능편이 조회된다.

지시어1-2

```
FXS1
```

응답화면

```
> FXS1

FXS1
2 RECOMMENDATIONS IN GROUP 1(KRW 1042700)
---- RECOMMENDATION 1 OF 2 IN GROUP 1 (KRW 1042700)----
  PTC        CUR                TAX            Fare Basis
1 ADT      1 KRW   1042700    322700           ZLPRK36
  TOTAL    1 KRW   1042700    322700
```

```
1   CZ 338  R  20MAY  ICN   CAN    1355  1700   E0 321
    CZ 305  Z  21MAY  CAN   AKL    0030  1700   E0 332  2305
2   CZ 306  Z  26MAY  AKL   CAN    2300  0600+1 E0 332
    CZ 337  R  27MAY  CAN   ICN    0855  1255   E0 321  1755
 FXZ1 TO BOOK   FXU1 TO BOOK AND CREATE TST   MPFXD TO RETURN
1 100000 KRW PENALTY APPLIES
---- RECOMMENDATION 2 OF 2 IN GROUP 1 (KRW 1042700)----
  PTC        CUR                TAX           Fare Basis
1 ADT       1 KRW    1042700    322700          ZLPRK36
  TOTAL     1 KRW    1042700    322700
1   CZ 338  R  20MAY  ICN   CAN    1355  1700   E0 321
    CZ 305  Z  21MAY  CAN   AKL    0030  1700   E0 332  2305
2   CZ 306  Z  26MAY  AKL   CAN    2300  0600+1 E0 332
    CZ 339  R  27MAY  CAN   ICN    1715  2130   E0 320  2630
 FXZ2 TO BOOK   FXU2 TO BOOK AND CREATE TST   MPFXD TO RETURN
   1 100000 KRW PENALTY APPLIES
```

해설 FXS1을 이용하여 추천운임의 세부 정보를 조회하니 1,042,700원 운임과 일정표 두 개가 제시되었다 .

지시어1-3

```
MPFXD
```

응답화면

```
DT      1 KRW    1042700    322700             ZLPRK36
  TOTAL     1 KRW    1042700    322700
1   CZ 338  R  20MAY  ICN   CAN    1355  1700   E0 321
    CZ 305  Z  21MAY  CAN   AKL    0030  1700   E0 332  2305
2   CZ 306  Z  26MAY  AKL   CAN    2300  0600+1 E0 332
    CZ 337  R  27MAY  CAN   ICN    0855  1255   E0 321  1755
```

```
 FXS1 TO SELECT   FXZ1 TO BOOK   FXU1 TO BOOK AND CREATE TST
1 100000 KRW PENALTY>MPFXD

MPFXD
25 GROUPS AND 50 RECOMMENDATIONS RETURNED FROM KRW
1042700 TO 2610300
---- RECOMMENDATION 1 OF 2 IN GROUP 1 (KRW 1042700)----
 PTC        CUR                  TAX            Fare Basis
1 A APPLIES
---- RECOMMENDATION 1 OF 1 IN GROUP 2 (KRW 1258300)----
 PTC        CUR                  TAX            Fare Basis
1 ADT     1 KRW    1258300    358300         GKRSWP+SKRSWP
 TOTAL    1 KRW    1258300    358300
1OZ:NZ4056  G  20MAY  ICN   NRT 1  1510  1730   E0 74E
   NZ  90  G  20MAY  NRT 1 AKL I  1830  0820+1 E0 772  1410
2  NZ  99  S  26MAY  AKL I NRT 1  0815  1625   E0 772
 JL:KE5002  T  26MAY  NRT 2 ICN    1840  2115   E0 762  1600
 FXS2 TO SELECT   FXZ2 TO BOOK   FXU2 TO BOOK AND CREATE TST
1 TICKETS ARE NON REFUNDABLE AFTER DEPARTURE
```

2) 기타 FXD Entry

	FXD응용 Entry	해 설
1	FXD3ICN/D20APRSIN/D30APRICN	3좌석 예약 가능편의 운임 정보 추천 요청
2	FXDICN/D20APRSIN/D30APRICN/PB700000	70만 원대 추천요청
3	FXD3ICN/D20APRSIN/D30APRICN/RCH	소아할인 예약가능편의 운임 정보 추천 요청
4	PNR 조회후 FXD	PNR 조회 후 예약가능한 좌석 및 운임정보 추천 요청

Chapter

5

E-Ticket 항공권 발행업무

1. BSP제도
2. 항공권의 일반적 사항
3. E-Ticket모형
4. E-Ticket 입문
5. E-Ticket 발권 구성요소
6. Transitional Stored Ticket와 Fare Elements
7. 실전 E-Ticketing
8. E-Ticket 이미지 조회

Chapter 5

E-Ticket 항공권 발행업무

1. BSP제도(Billing and Settlement Plan)

1) 개요

항공사와 대리점 간의 항공권 배포, 항공권 배포, 항공권 판매보고, 항공권 판매대금 정산을 간소화, 표준화한 절차를 말한다. BSP가입 여행사는 BSP 가입항공사의 항공권 발권이 가능하며 1971년 일본에서 처음 시작하였다(현재 128여개국 시행).

2) IATA(International Air Transport Association)

2차 세계 대전 이후 항공 운송의 발전에 따라 국가 간 이해관계 조정 및 항공운송에 예상되는 각종 절차의 표준화를 목적으로 설립한 순수 민간 국제 협력기구로서 비영리적인 국제 민간항공 운송기구이다.

주요 수행 기능으로는 항공운임의 결정, IATA 규정 제정, IATA 운송회의에서 결정되는 운임 및 서비스의 조건, 운송절차, 대리점에 관한 규정 등 전세계가 IATA 항공사와 여행사에 대하여 구속력을 가지고 있으며 이를 각국 정부가 인정하고 있다.

3) Electronic Ticket의 정의

항공권의 발행없이 여객운송 및 관련서비스의 판매 및 사용실적 등을 증명하는 방법 등을 의미한다. 즉 모든 항공권의 세부사항이 발행항공사의 컴퓨터 시스템에 보관되고 기존 항공권으로 수행되는 모든 Transaction이 ET Process를 통하여 모든 참여자인 항공사, 여행사, 기타 서비스참여 제공자가 수행가능 하도록 구성되어있다.

4) BSP 항공권(Billing and Settlement Plan Ticket)

여행사용 항공권으로서 특정항공사 발행의 항공권을 사용하는 경우 여행사와 항공사간의 직접적인 대금 결재 및 판매 수수료 지급 등이 이루어지지만 BSP 항공권 이용 시는 IATA에 인정된 은행을 통하여 대금 등 일체의 대 항공사 정산 업무가 이루어지게 된다.

항공사 자체 발행된 항공권이 아니기에 항공권에는 항공사명 및 항공사 번호가 없으며 발행시점에 발행항공사 항공권 번호가 입력되며 아라비아숫자 13개로 표시되고 앞 3자리는 IATA에서 인정한 각 해당항공사의 번호이다.

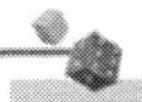

- **180**12345678912 : 180은 대한항공 항공권
- **988**12345678912 : 988은 아시아나항공 항공권

참고

★ BSP 여행사와 ATR 여행사

BSP 여행사는 IATA 여행사라고도 하며 IATA의 인가된 항공사와 여행사간 업무 간편화를 위해 도입된 제도로 다수의 항공사와 여행사들 간에 IATA와 은행이 개입하여 중립적인 항공권 양식배포, 판매대금 및 판매수수료의 결재 등의 업무를 담당하는 제도이다.

★ ATR 여행사(Air Ticket Request)

여행사 중에서 은행에 담보 능력이 부족하여 항공권을 자체적으로 보유하지 못하고 승객으로부터 요청받은 항공권을 BSP여행사에 의뢰하여 구입하는 소매 여행사이다.

2. 항공권의 일반적 사항

1) 유효기간

① 국제선 항공운임의 경우 유효기간은 적용 운임에 따라 달라진다.

② 정상운임의 경우 첫 구간은 발행일로부터 1년이며 나머지 구간은 첫 구간 사용 개시일로부터 1년이다.

③ 특별운임의 경우 해당 규정에 따라 유효기간이 상이하며 최대/최소 체류기간을 함께 제한하는 경우가 대부분이다.

④ 항공권은 유효기간 만료일 자정까지 유효하며 마지막 탑승용 Coupon의 여정을 출발 도시기준으로 만료일 자정 이전까지만 개시하면 된다.

⑤ 유효기간을 계산할 때는 유효기간을 지정하는 운임 조건에 따라 방법이 달라지며 **'일(Day)'**로 규정된 경우와 **'월(Month)'**로 규정된 경우 각 적용 방법이 조금씩 달라진다.

즉 **'Day'**로 규정된 경우에는 출발일 다음 날부터 계산되며 만약 15일 유효기간을 가진 경우라면 출발일에 15일을 더한 날이 그대로 유효기간이 된다. 유효기간이 **'Month'**로 규정된 경우에는 출발 일부터 유효기간 만료 월의 동일 일자까지 유효하게 된다. 그러나 출발 일이 해당 월의 마지막 날인 경우, 유효 기간 만료 월의 마지막 날까지 유효한 것으로 한다. 유효기

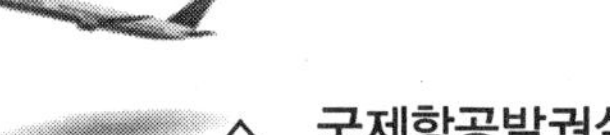

간이 'Year' 기준으로 되어있는 경우에도 마찬가지로 다음 해의 동일 일자까지 유효하다.

예

1	1개월 유효기간	30SEP 출발 → 31OCT 유효
2	3개월 유효기간	30NOV 출발 → 28(29) FEB 유효

2) 항공권의 양도

어떠한 경우에도 한번 발행된 항공권은 타인에게 양도가 불가하며 항상 항공권에 관한 모든 권한은 "Name Of Passenger"란에 명시된 승객에게만 주어진다.

3) 항공권에 적용되는 통화 및 운임

모든 항공운임은 운임 산출 규정이 정하는 바에 따라 최초 국제선 출발 국의 통화로 징수되며 한국 출발여정의 경우에는 1995년 4월 1일부로 자국 통화인 KRW(Korea Won)를 출발지국 통화로 사용하게 되었다. 또한 항공권 판매 시 적용운임은 발권일 당시의 유효운임이 아닌 항상 여행의 최초 출발 일을 기준으로 하여 유효한 운임을 적용하여 판매한다.

또한 항공권 발행후 요금의 변동이 발생한 경우에는 여행 개시 이전이라면 인상분은 추징하고 인하 분은 환급하여야 하며 여행 개시 이후에 변동이 발생한 경우는 항공권의 유효 기간 내에서는 일반적으로 요금변동에 영향을 받지 않는다.

3. E-Ticket 보기

1) 실전 E-Ticket 모형

1442 / 04AUG09

Excellence in Flight 40th
KOREAN AIR

e-티켓 확인증 / e-Ticket Itinerary & Receipt

인쇄하기

승객성명	Passenger Name	NA/JALHAE
예약번호	Booking Reference	2738900
항공권번호	Ticket Number	1809689490215

여정 Itinerary

편명 Flight	**KE 093** Operated by **KE (KOREAN AIR)**			경유 Via : -
출발 Departure	서울 **(ICN)**	**12JUL09**	**10:40** Local Time	Terminal No. : -
도착 Arrival	워싱턴 D.C (IAD)	12JUL09	11:25 Local Time	Terminal No. : -

예약등급	Class	M (일반석)	항공권 유효기간	Not Valid Before	-
예약상태	Status	OK (확약)		Not Valid After	12OCT09
운임	Fare Basis	MKWPB3M	무료 수하물 허용량	Free Baggage Allowance	2 Pieces

편명 Flight	**US7512** Operated by **UA7184 (UNITED AIRLINES)** * UA7184 - UNITED AIRLINES 항공기로 운항하는 공동운항편입니다.			경유 Via : -
출발 Departure	워싱턴 **D.C (IAD)**	**15JUL09**	**19:14** Local Time	Terminal No. : -
도착 Arrival	뉴욕 (JFK)	15JUL09	21:00 Local Time	Terminal No. : 7

예약등급	Class	G (일반석)	항공권 유효기간	Not Valid Before	15JUL09
예약상태	Status	OK (확약)		Not Valid After	12OCT09
운임	Fare Basis	MKWPB3M	무료 수하물 허용량	Free Baggage Allowance	2 Pieces

편명 Flight	**KE 086** Operated by **KE (KOREAN AIR)**			경유 Via : -
출발 Departure	뉴욕 **(JFK)**	**16JUL09**	**00:50** Local Time	Terminal No. : 1
도착 Arrival	서울 (ICN)			Terminal No. : -

예약등급	Class	I (프레스티지)	항공권 유효기간	Not Valid Before	15JUL09
예약상태	Status	OK (확약)		Not Valid After	12OCT09
운임	Fare Basis	MKWPB3M	무료 수하물 허용량	Free Baggage Allowance	2 Pieces

항공권 운임정보 Ticket/Fare Information

Restriction	NON-ENDS.
Conj.Ticket No.	-
Fare Calculation	M*SEL KE WAS959.71US X/NYC KE SEL959.71 NUC1919.42END ROE1252 .6700
Fare Amount	KRW 2404400
Equiv. Fare Paid	KRW 218600
Tax	KRW 28000BP 6500XA 9100XY 7100YC 3300AY 20800US 5900XF 20800US ADDED 3300AY IAD4.50
Carrier Fee	KRW 89000
Total Amount	KRW 221900
Form of Payment	9SDQIINA/CC. CC VI************0214/****/E00. AGT
Ticket Issue Date/Place	09JUL09 / 17320800 / LEAD TOUR SEOUL
Original Ticket Number	1804783286495/SEL/24JUN09/17320800
Exchanged Ticket Number	1804783286495/12/E

상기 운임정보는 공시운임으로 실제 지불 금액과 다를 수 있습니다. 지불금액은 영수증을 확인 바랍니다.

- 본 e-티켓 확인증과 함께 제공된 법적 고지문을 반드시 참고하여 주시기 바랍니다.
- e-티켓 확인증은 탑승수속시, 입출국/세관 통과시 제시하도록 요구될 수 있으므로 반드시 전 여행 기간 동안 소지하시기 바랍니다. e-티켓 확인증의 이름과 여권상의 이름은 반드시 일치해야 합니다.
- 대부분의 공항에서 **탑승수속 마감시간은 해당 항공편 출발 40분 전**(미주, 유럽 출발편은 1시간 전)으로 되어있으니, 해당 출발 예정시각 최소 2시간 전에는 공항에 도착하시기 바랍니다.
  단, 공동운항편의 경우 탑승 수속은 운항항공사의 카운터에서 이루어지며,
  운항항공사의 규정에 따라 탑승 마감시간이 다를 수 있습니다.
- 본 e-티켓 확인증은 e-티켓의 정보 등을 확인하기 위하여 제공되는 서면에 불과하고 소지인에게 당해 운송 관련 어떠한 법적 권리를 부여하지 않습니다.
  본 e-티켓 확인증을 임의로 수정 및 사용시 대한항공은 책임을 지지 않습니다.

2) E-Ticket 모형 해설

① 모든 정보를 해당 항공사의 데이터베이스에 항공권의 모든 세부 사항을 저장하고 필요 시 전산으로 자유롭게 조회하여 처리한다.

② Itinerary and Receipt(ITR : 여정 발급확인서)
항공권의 세부사항과 항공 약관 등을 안내하는 증표로, 반드시 발권 후 고객에서 전달하여 상대국 입국 시 불편 없도록 해야 하며 여행을 마칠 때까지 보관하여야한다.

3) E-Ticket 부분별 정보 조회

E-Ticket은 모든 항공권의 세부사항을 ET Process을 통하여 모든 참여자 즉 항공사, 여행사, 기타 서비스제공자가 수행 가능하도록 구성되어 있으며 E-Ticket 발권 전에 각 시장의 E-Ticket 환경을 파악하고 해당조건을 확인할 필요가 있다.

(1) Ticket Holder

① Passenger Name(승객성명): LEE/JALHAEMR

성(last name)을 앞에 기재하고 이름(First name)은 그다음에 기재하며 항상 Slash를 하여 성과 이름이 구분되도록 한다.

② Booking Reference(예약번호) : 6123-4567

승객의 예약번호를 기재하는 곳으로 각 예약시스템의 예약번호가 기재된다.

③ Ticket Number : 1801234567890

항공권 일련번호는 총 13자리이며 앞의 3자리는 주관 항공사의 번호이다

예 180 : 대한항공　　988: 아시아나항공

(2) 여정(Itineray)

① Fligt : KE 93(예약번호 : DVU3R3)
US7512(예약번호 : DF78TC)

항공편명을 기재하는 곳으로 해당 항공사의 Two Letter Code 로 표시하고 해당항공사의 예약번호가 기재된다.

- 항공사 Two Letter Code 대신 YY표시가 있는 경우는 모든 항공사를 이용 가능한 항공권
- 적용 운임의 규정상 탑승항공사가 제한되는 구간은 예약을 Open으로 하는 경우도 반드시 항공사 Code를 기재하도록 한다.

② Departure, Arrival

- 도시명 : 한글과 City Code 동시기재
- 날짜 : 일, 월, 년 순
- 12JUL14 : 2014년 7월 12일
- 1550 : 오후 3시 50분의 경우 1550으로 표시

③ 영어 월 표시

- JAN. FEB. MAR. APR. MAY. JUN. JUL. AUG, SEP. OCT. NOV. DEC
- Local time : 현지시간
- 1550 : 오후 3시50분의 경우 1550으로 표시

④ Class : 해당항공사의 예약등급을 기재한다.

- 일등석의 경우 : P. F
- 상기 제시된 항공권에서는 대한항공 93번기는 M, 워싱턴 뉴욕구간의 US7512는 G로 예약하였음을 나타낸다.

(3) Fare Basis : 항공권의 가치를 나타내는 표시

(4) Status(예약 상태를 표시)

- OK : 예약이 확약된 경우
- RQ : 대기자 명단에 있거나 예약을 시청하였으나 아직 확정되지 않은 경우
- NS : 좌석 비점유인 24개월 미만의 유아 (No Seat)
- SA : 사전예약불가, 잔여좌석이 있는 경우에만 탑승이 가능한 경우로서 보통 SUBLO 항공권 일반적으로 항공사 직원용 항공권에 주로 사용된다.

(5) Not Valid Before / Not Valid After

- 항공권의 유효기간에 대해서 일자로 표시하는 부분이다.
- Not Valid Before란은 최소, 최류 의무기간을 명시하며, Not Valid After란은 최대 체류 허용 기간을 명시하는 것이다.
- 1년 유효항공권인 경우 연결항공편이나 재발행항공권이 아닌 경우에는 기재하지 않아도 무방하다.
- 기간을 표시하는 경우에는 일반적으로 년도는 표기하지 않는다.

(6) Free Baggage Allowance(무료위탁수화물 허용량)

- 승객이 적용받는 Fare Basis를 기준으로 허용되는 무료수하물이 기재된다.
- 미주 관련 구간에는 Picec System을(PC) 기타구간에는 Weight System(KG)을 적용한다(항공사마다 상이할 수 있으므로 반드시 체크 필요).

(7) Ticket / Fare Information(항공권운임정보)

① Restriction

승객의 해당항공권을 사용하는데 있어 적용받은 운임에 근거한 각종 제한사항이나 주의사항 등을 Free Format 형식으로 기재하는 란이다.

예 환불 및 이서 불가한 항공권인 경우 NON-END로 명시한다.

② Conjunction Ticket

1매 이상의 항공권이 연결되어 발행되는 경우(4 Coupon)와 Child나 Infant 항공권에 동반 보호자의 항공권 번호를 기재하는데 이용한다.

③ Fare Calcuation

- 항공권의 실재 운임 계산 내역을 기재하는 란이다.
- 항공사 정산 시에 중요자료가 되기 때문에 정확히 기재하여야 한다.

④ Fare Amount

- Fare란은 최초 여행 출발국가의 통화를 기준으로 한 운임을 Code와 함께 기재한다.
- 세금을 제외한 항공운임을 의미한다.

⑤ Equiv. Fare Paid

Fare 란에 기재된 최초 출발지국 통화이외의 다른 통화로 지불하는 경우, 운임을 지불 통화 금액으로 환산하여 통화 Code와 함께 기재한다.

⑥ TAX

각종 지불 세금을 기재하는 곳이다.

⑦ Total Amount

항공운임과 세금을 합산하여 기재한다.

⑧ Form of Payment

운임의 지불 수단을 표시하는 란이며, 재발행시에도 최초항공권 구입시의 지불수단을 재발행되는 항공권에 반드시 표기하여야한다.

⑨ E-Ticket Issue Date/Place

항공권 발권한 날과 해당 여행사의 유효인(Validation)을 기재하는 곳이다.

⑩ Original Ticket Number

항공권 재발행시 최초 해당항공사의 항공권번호와 유효인을 기재하는 곳이다.

⑪ Exchanged Ticket Number

재발행한 항공권 번호 입력 기재하는 곳이다..

4. E-Ticket 입문

1) 개요

과거 항공권은 영어정식명칭은 Passenger Ticket and Baggage Check이고 종이 항공권이라고도 하였다. 하지만 컴퓨터시스템의 발전으로 해당항공사의 컴퓨터 시스템인 Data Base에 항공권의 모든 조건을 저장하고 필요시 전산으로 자유롭게 조회하여 처리한다.

2) 여정발급 확인서(Itinerary and Receipt=ITR)

따라서 종이 항공권대신 여정 발급확인서를 고객에게 주며 고객은 전 여정을 마칠 때까지 증표로 지니고 있어야 한다.

3) E-Ticket 정보 조회

E-Ticket은 모든 항공권의 세부사항을 ET Process를 통하여 모든 참여자인 항공사, 여행사, 기타 서비스 제공자가 수행 가능하도록 구성되어 있으며 E-Ticket

발행 전에 각 Market의 E-Ticket 환경을 파악하고 해당 조건을 확인해야 한다.

4) 한국 시장의 E-Ticket 가능 항공사 알아보기

지시어1

TGGSD-KR

응답화면

```
>TGGSD-KR
COUNTRY  -  KR
                 GENERAL SALES AGENT
AA -      TW
AF -      UU
AZ -      AP
BA -      EC
CX -      KA
HR -      AD   AE   AM   AR   AS   AT   AV   AZ   A3   A9
       BE   BG   BH   BI   BP   BR   BT   BV   BW   B2
       B5   B6   B7   CA   CI   CM   CU   CX   CY   CZ
       .
       NU   NX   OA   OG   OK   OM   OR   OU   OV   OZ
       O5   PG   PR   PS   PW   PY   PZ   P0   QC   QS
```

5) 항공사별 E-Ticket Condition 확인

HEETTAF

응답화면

```
>HEETTAF
                    AF E-TICKETING       EN   2SEP13 0334Z

MARKET                                              REFERENCE
------                                              ---------
AT BE CA CH CY CZ DE DK ES FI GB HU IE IL BF NO ME PL    MS 22
PT RO SE SK US MT NG BO SI PY IT MX ZA LU RS CG IS BA
RU TT GA SY ZM MK LB HT PE BW MS AZ

AE AN AR BR CL CO DO EG FR GF GP IN KE KW MA MD MQ NA PF    MS 64
RE TN TZ UG UY VE CI SN ML BF NE BJ TG MR UA MU OM TD BZ
CR SV GT HN NI PA KN SA MZ PK KE TZ UG BS GH BQ SX CW PE

TH VN                                               MS106
HK MO                                               MS148
TR                                                  MS190
JP SG AU NC KH                                      MS232
GR                                                  MS320
BG                                                  MS365

ELECTRONIC TICKETING DIRECT MARKET                  REFERENCE
----------------------------------                  ---------
AM AO AZ BY CD DZ GN MG PS GQ SL DJ SC IQ LR         MS 25
```

지시어2-2

MS25

응답화면

```
>MS25
                AF E-TICKETING        EN   2SEP13 0334Z
 AF ELIGIBILITY RULES FOR E-TICKETING IN THE FOLLOWING MARKETS:
 AT BE CA CH CY CZ DE DK ES FI GB GR HU IE IL IT NO GA ZM PL
 PT RO SE SK US PY LT MX ZA LU RS BF CG IS ME BA RU TT NG LB

 (Y - SUPPORTED, N - NOT SUPPORTED)

 ABP ALLOWED                :N   FOID MANDATORY              :N
 INF TICKET ALLOWED         :Y   MAX NUMBER OF PASSENGERS    :9
 UMNR TICKET ALLOWED        :Y   GROUP PNRS ALLOWED          :Y
 CONJUNCTION TKT ALLOWED    :Y   MAX NUMBER OF SEGMENTS      :16
 MULTI TOUR CODES ALLOWED   :Y   OPEN SEGMENTS ALLOWED       :Y
 FY BULK ALLOWED (US ONLY)  :N   WAITLISTED SEGMENTS ALLOWED :Y
 NET REMIT ALLOWED          :Y   CONF SEG MANDATORY WITH W/L :Y
 NEGO FareS ALLOWED         :Y   PASSIVE SEGMENTS ALLOWED    :N
 COMPANION FareS ALLOWED    :Y   E INDICATOR WITH PNR CLAIM  :N
```

지시어3 특정 항공사의 Interline 협약 항공사 확인

TGAD-AF/KE

응답화면

```
>TGAD-AF/KE
--AIRLINES HAVING AGREEMENT WITH: AF
KE  T P E
```

해설
- TG : 기본 지시어
- AD : Agreement Table display
- AF/KE : 에어프랑스 입장에서 대한항공과 협약 맺은 지 조회

- KE T P E : 대한항공은 에어프랑스와 협약됨
- T P E : T(Paper Automatically TKT), P(PTA), E(Electronic ticket)

지시어4-1 특정 Market의 BSP 가입항공사 확인

TGBD-KR

응답화면

```
>TGBD-KR

--BSP/ARP PLAN FOR: KR   REPUBLICOFKOREA
AA   AC   AF   AI   AM   AT   AV   AY
AZ   BA   BI   BR   BT   B7   CA   CI
CM   CO   CX   CZ   DL   EK   ET   EY
.
SU   S7   TG   TK   UA   UL   UN   US
VN   VV   WY   XB   YO   ZH   3U   7C
7G   9B   9W
```

해설
- TG : 기본 지시어
- BD : BSP Table
- KR : 확인하고자 하는 Market
- 80여개의 항공사가 BSP에 가입되어 있다.

지시어4-2 한국 마켓에서 AF의 BSP 가입 확인

TGBD-KR/AF

응답화면

```
>TGBD-KR/AF
AF  IS A BSP AIRLINE OF KR  REPUBLICOFKOREA
```

지시어5

TGGSD-KR

응답화면

```
>TGGSD-KR

COUNTRY  -  KR
                GENERAL SALES AGENT
AA -     TW
AF -     UU
AZ -     AP
BA -     EC
CX -     KA
HR -     AD  AE  AM  AR  AS  AT  AV  AZ  A3  A9
       BE  BG  BH  BI  BP  BR  BT  BV  BW  B2
       .
       NU  NX  OA  OG  OK  OM  OR  OU  OV  OZ
       O5  PG  PR  PS  PW  PY  PZ  P0  QC  QS
```

해설 KA항공은 CX항공 Stock으로 발권 후에 CX와 KA정산 가능

5. E-Ticket 발권 구성요소

	요 소	해 설	비 고
1	**TST (Transitional Stored Ticket)**	Pricing Stored Ticket (발권을 위한 필요정보가 있는 곳)	필 수 입 력 (HETST)
2	**FM Element**	Commission (수수료)	필 수 입 력 (HEME)
3	**FV Element**	Validating Carrier (주관항공사)	필 수 입 력 (HEFV)
4	**FP Element**	Form of Payment (지불수단)	필 수 입 력 (HE FP)
5	**FE Element**	Endorsement and Restriction (양도와 제한규정)	선 택 입 력 (HE FE)
6	**FT Element**	AUTH No and Tour Code (승인코드)	선 택 입 력 (HE FT)
7	**FS Element**	Conjunction Ticket Number (연결항공권)	선택입력 (KE ONLY)
8	**DICS Element**	Discounted 금액설정	선택입력 (TTN/D)

6. Transitional Stored Ticket(TST, HE TST)와 Fare Elements

1) TST

① 승객의 예약번호에 저장된 운임 및 발권관련 정보로 발권 시 필수 요소이다.
② TST 생성시 TST생성일, Office ID, 생성자 Sign Code가 같이 저장된다.
③ 구간 마디별로 승객 당 최대 10개의 TST 생성 가능하며 여정 중복은 불가하다.
④ 동일여정, 동일운임, 동일지불 수단의 경우 하나의 TST로 복수승객 적용이 가능하다.
⑤ 복수승객으로 연결된 TST중 한 승객의 조건이 변형된 경우 같은 승객에 대한 New TST가 생성된다.
⑥ TST 생성일 당일 자정까지 유효하므로 다음날 발권할 경우 운임 재 저장(Repricing)이 필요하다.
⑦ TST생성시 PNR 상단에 TSTRLR 이란 메시지가 표시된다.

2) TST 종류

(1) 자동 TST(Automatic, AST) FXP Entry사용 시 자동 생성

ARNK포함 16 SEG까지 가능하나 해당 국가의 정책에 따라 ARNK 포함 28개 SEG까지 가능하다.

(2) 수동 TST(Manual, MST)

• TST를 수동으로 입력하거나 자동으로 생성된 TST를 수정하는 경우 사용한다.
• FCMI(Fare Calculation Mode Indicators)가 “1”로 표시된다.

3) TST 생성

(1) 자동 TST생성

1	PNR 조회
2	FXP(자동운임 산출지시)
3	FXT2(필요시 운임선택 및 TST 생성)
4	ER(TST저장 및 PNR조회)
5	TQT(TST조회/NO DISC), TQN(TST 조회/DISC 적용된 경우)

① 대상 예약번호 확인(PNR조회)

RT4DCWTA

응답화면

```
--- RLR ---
RP/SELK13919/SELK13919          6E/SU  21NOV13/0729Z   4DCWTA
0983-1246
  1.BYUN/HOINMR
  2  TG 629 Q 20MAY 2 ICNHKG HK1          1020 1255    *1A/E*
  3  TG 628 Q 25MAY 7 HKGICN HK1       2  1530 2010    *1A/E*
  4 AP 02-123-4567
  5 APM 010-1234-5678
  6 TK OK21NOV/SELK13919
```

② 자동운임 산출지시

FXP

응답화면

```
>FXP

FXP
 * Fare Basis * DISC     * PSGR      * Fare KRW   * MSG  *T
01 YLEE1M      *           * P1        *    963300  *       *Y
02 YLPX15      *           * P1        *    808800  *       *Y
```

③ 필요시 운임선택 및 TST 생성

지시어

```
FXT2
```

응답화면

```
>FXT2

FXT2
01 BYUN/HOINMR
------------------------------------------------------------
    AL FLGT  BK   DATE  TIME  Fare Basis      NVB  NVA   BG
 SEL
 HKG TG  0629 Q    20MAY 1020  YLPX15          20MAY20MAY 20
 SEL TG  0628 Q   25MAY 1530  YLPX15          25MAY25MAY 20
KRW   669600     20MAY14SEL TG HKG296.52TG SEL Q4.25 296.52
                   NUC597.29END ROE1120.972000
KRW    94200YQ
KRW    28000BP
KRW    17000HK
KRW   808800
BG CXR: TG/TG
PRICED WITH VALIDATING CARRIER TG - REPRICE IF DIFFERENT VC
10 PERCENT PENALTY APPLIES
ENDOS NONREF/PEX VOLUNTARY CHNGS RESTRICTED
```

해설 Fare Basis YLPX15를 선택함

④ TST저장 및 PNR조회

지시어

ER

응답화면

```
>RF PSGR

--- TST RLR ---
RP/SELK13919/SELK13919      6E/SU  21NOV13/0729Z   4DCWTA
0983-1246
RF PSGR
  1.BYUN/HOINMR
  2  TG 629 Q 20MAY 2 ICNHKG HK1          1020 1255   *1A/E*
  3  TG 628 Q 25MAY 7 HKGICN HK1        2  1530 2010   *1A/E*
  4 AP 02-123-4567
  5 APM 010-1234-5678
  6 TK OK21NOV/SELK13919
  7 FE PAX NONREF/PEX VOLUNTARY CHNGS RESTRICTED/S2-3
  8 FV PAX TG/S2-3
```

해설 만약 ER 후 엔터 했는데 "NEED RECEIVED FROM"화면에 보이면 RF PSGR하고 엔터키를 누르면 다음 화면이 생성된다.

⑤ TQT 조회

지시어

TQT

응답화면

```
>TQT
TST00001      SELK13919 6E/28NOV I 0              OD SELSEL SI
T-
FXP
   1.BYUN/HOINMR
 1   ICN TG  629 Q 20MAY 1020  OK YLPX15           20MAY20MAY 20K
 2 O HKG TG  628 Q 25MAY 1530  OK YLPX15           25MAY25MAY 20K
     ICN
Fare  F KRW      669600
TX001 X KRW     94200YQAC TX002 X KRW     28000BPDP TX003 X
KRW     17000HKAE
TOTAL   KRW      808800
GRAND TOTAL KRW      808800
SEL TG HKG296.52TG SEL Q4.25 296.52NUC597.29END ROE1120.972000

  7.FE NONREF/PEX VOLUNTARY CHNGS RESTRICTED
  8.FV TG
```

해설

- TST00001 : TST Number
- SELK13919 : TST 생성 Office 코드
- 6E/28NOV : 사인 코드 및 생성일자
- 1 : Pricing Indicator(IATA Autofriced Fare)
- 0 : Fare Calculation mode Information(운임 산출방식 HE FCMI)
  만약 0대신 1이 있으면 Manual Creation 즉 수동산출방식을 의미한다.
- FV TG : Validating Carrier

■ Pricing Indicator(산출된 운임 Data source)

	Pricing Indicator	해 설
1	I	IATA Automatically priced
2	A	ATAF Automatically priced
3	F	Negotiated fare, priced Automatically
4	M,N	Manually priced fare
5	B	Negotiated fare, Manually updated TST
6	G	Negotiated fare updated by an Agent or Consolidator
7	T	Inclusive tour fare, Automatically priced
8	O	RBD Override

■ 산출 지시 응용 Entry

	Entry	해 설
1	**FXP FXP/R,20JUN12(과거 발권일)**	기본조회, 1년전까지만 과거발권일 조회
2	**FXP/S4 FXP/P1-3 FXP/P1,3,5**	승객지장
3	**FXP/INF FXP/S1-3 FXP/S1,3,5**	PNR SEG 지정
4	**FXP/INF**	유아
5	**FXP/PAX**	성인 및 소아 승객 지정
6	**FXP/RSD FXP/P2/RSC**	할인코드 지정
7	**FXP/RCH*ZZ*SD**	할인코드 복수 지정(최대 6개 가능)
8	**FXP/RGV**	단체지정
9	**FXP/B4 FXP/B4/B6**	FBP지정(fare break point)
10	**FXP/R,SELMNL**	판매지, 발행지 지정
11	**FXP/R,VC-KE**	발권항공사 지정
12	**FXP/S2RW FXP/S2,RW,3-8,10**	세계일주여정/일부 SEG 지정
13	**FXP/S2RW/L-YRTWSKY1**	세계일주여정 Fare Basis override

14	**FXP/R,ET FXP/R,ET-YQ-BP**	Tax 면제지정/일부 Tax 면제지정
15	**FXP/R,WC FXP/R,WC-YQ-BP**	Tax 제외지정/일부 Tax 제외지정
16	**FXP/R,U FXP/R,U123001**	UNI Fare / Corporate 지정
17	**FXP/R,NEGO**	Negotiated fare
18	**FXP/P1/RCH//P2/RZZ**	승객별 할인유형 지정

■ 운임선택 응용 Entry

	Entry	해 설
1	**FXT/3/P1**	생성된 TST에서 3번 라인의 승객1번 선택
2	**FXT3/P2,3**	생성된 TST에서 3번 라인의 승객2,3번 선택
3	**FXT1/P1,3//4/P2**	생성된 TST에서 1라인의 승객1,3번과 4번라인의 2번승객 선택
4	**FXT1/P1//2/P1**	1번 승객에게 유아가 연결된 경우 TST1번은 PAX 1번성인 TST2번은 PAX 1번 동반하는 유아운임으로 선택

■ TST조회 응용 Entry

	설정	Entry	해 설
1	성인+소아+유아 (모든승객)	TQT	TST조회
		TQT/S3-4	PNR SEG 3-4번 포함하는 TST만 조회
		TQT/T1	1번 TST만 조회
		TQT/P1	1번 PAX TST만 조회
		TQT/S3-4/P1	PNR3-4번 SEG와 1번 PAX의 TST 조회
		할인 적용된 경우, 할인금액 표시하여 TST조회 시 TQT대신 TQN 입력	
2	성인+소아+유아 (유아제외)	TQT/PAX	TST조회
		TQT/PAX/S3-4	PNR SEG 3-4번 포함하는 TST만 조회
		TQT/PAX/P1	1번 PAX TST만 조회

		TQT/PAX/S3-4/P1	PNR3-4번 SEG와 1번 PAX의 TST 조회
		할인 적용된 경우, 할인금액 표시하여 TST조회 시 TQT대신 TQN 입력	
3	유아 TST Only	TQT/INF	TST조회
		TQT/INF/S3-4	PNR SEG 3-4번 포함하는 TST만 조회
		TQT/INF/P1	1번 PAX TST만 조회
		TQT/INF/S3-4/P1	PNR3-4번 SEG와 1번 PAX의 TST 조회
		할인 적용된 경우, 할인금액 표시하여 TST조회 시 TQT대신 TQN 입력	

예제화면 성인 + 소아 + 유아 포함 PNR의 FXP지시 TST 조회 예

```
--- RLR ---
RP/SELK13919/SELK13919          6E/SU   28NOV13/2301Z    4ECZ74
0906-0869
  1.LEE/NAMJAMR    2.KIM/BUINMS(INFLEE/YOOJIN/20DEC12)
  3.LEE/SONYEONMSTR(CHD/20JUN10)
  4  KE 643 E 20MAY 2 ICNSIN HK3           1420 1930    *1A/E*
  5  KE 642 E 25MAY 7 SINICN HK3        2  0110 0825    *1A/E*
  6 AP 02-520-1234
  7 APM 010-1234-5678/P1
  8 TK OK29NOV/SELK13919
  9 SSR INFT KE HK1 LEE/YOOJIN 20DEC12/S4/P2
 10 SSR CHLD KE HK1 20JUN10/P3

 11 SSR INFT KE HK1 LEE/YOOJIN 20DEC12/S5/P2
 12 OPW SELK13919-29NOV:1800/1C7/KE REQUIRES TICKET ON OR BEFORE
        02DEC:1800/S4-5
 13 OPC SELK13919-02DEC:1800/1C8/KE CANCELLATION DUE TO NO
        TICKET/S4-5
>
FXP
```

```
FXP
   PASSENGER            PTC     NP   Fare KRW      TAX     PER PSGR
01 LEE/NAMJA*            ADT     1      680100    57400     737500
02 KIM/BUINMS            ADT     1      680100    57400     737500
03 LEE/SONYE*             CH     1      542600    57400     600000
04 LEE/YOOJIN             IN     1       55000        0      55000
                      TOTALS  4    1957800  172200    21300005
2    .3   LEE/SONYEONMSTR      KRW     600000                 4-5
3    .1   LEE/NAMJAMR          KRW     737500                 4-5
3    .2    KIM/BUINMS          KRW     737500                 4-5
DELETED TST RECORDS MAY EXIST - PLEASE USE TTH
```

■ TST조회 응용 기타 Entry

	Entry	해 설
1	TTS/T2/P3	2번 TST에서 3번 승객 분리
2	TTA/T1/P3	1번 TST에 3번 승객 추가

(2) Manual TST생성 절차

① Empty TST Shell 열기

```
TTC
```

- TTC : 성인+소아+유아 TST Shell 열기
- TTC/PAX : 성인+소아 TST Shell 열기(유아제외)
- TTC/INF : INF 승객 TST Shell 열기
- TTC/P1 : 1번 승객 TST Shell 열기
- TTC/P1, 3-4 : 1, 3, 4번 승객 TST Shell 열기
- TTC/S1 : SEG1 TST Shell 열기

✈ Manual TST 입력 시 주의사항

- 수정 Entry는 별도로 없으며, 수정 사항을 반영하여 동일한 Entry로 재입력하면, 기존 내용은 삭제되고 새로 입력된 사항으로 대체된다.
- 항목별 각각 독립적으로 입력하여 업데이트도 가능하다(예 : TTK/BYOW, TTK/A1PC).
- Manual TST 생성 도중 입력 된 TST를 확인 하려면 반드시 TQT 또는 TQN(DISC 있는 경우) 조회한다.
- Manual로 입력 도중 TTC 지시어를 다시 입력하면 기존 입력사항이 모두 삭제되므로 주의한다.

② Fare Basis, MIN/MAX, Baggage Allowance 입력

```
TTK/BYRT/V13DEC30DEC/A20K
```

- TTK : 기본 지시어(또는 TTI)
- /BYRT : B Fare Basic Code
  예) Fare Basis : YRT
- /V13DEC30DEC : V 최소(MIN) & 최대(MAX) 체류일
  * MIN 0, MAX 30DEC인 경우, VXX30DEC로 입력
- /A20K : /A A무료 수하물 허용량
  * PC의 경우 /A1PC로 입력
- 항목별 각각 입력도 가능하다.
  예) TTK/BYRT : 전 여정에 Fare Basis만 업데이트

③ Base Fare 입력

```
TTK/FEUR1198.00/EKRW1746000/X28000BP/X26500TS/X15600YQ
```

- TTK : 기본 지시어
- /FEUR1198.00 : Base Fare, [/F 통화 및 금액]
  - ▶ 통화 생략시 해당 Office의 기본 통화로 자동 설정
    소수점 표시는 해당 통화에서 허용한 범위로 입력(HE FQC 참조)
- /EKRW1746000 : Equipvalent Amount, [/E 지불 통화 및 금액]
  - ▶ Base Fare와 다른 통화로 지불될 경우만 입력
- /X28000BP/X26500TS : 지불 할 Tax, [/X 금액 및 Tax Code]

④ Fare calculation 입력

TTK/CSEL KE BKK Q54.00 633.15KE SEL Q54.00 633.15NUC1374.30 END ROE1087.884000

- TTK : 기본 지시어
- /CSEL~ : /C이후 운임 계산 내역 및 ROE입력
- 띄어쓰기 - 문자와 문자 연결 또는 숫자와 숫자 연결
  붙여쓰기 - 문자와 숫자 연결 또는 숫자와 문자 연결

⑤ Manual TST 응용 Entry

	Entry	해 설
1	Ticket Designator 입력	TTK/BYRT CH25(Fare Basis + 띄어쓰기 + Ticket Designator)
2	Base Fare 추가 또는 변경	TTK/FKRW500000
3	Base, Equivalent, Total Fare 및 Tax 삭제	TTK/F
4	Equivalent Fare만 추가	TTK/EUSD450.00
5	Equivalent Fare만 추가	TTK/E
6	Total Fare 변경	TTK/TKRQ600000
7	Tax 추가	TTK/XKRW28000BP(New Tax) TTK/OKRW28000BP(Old Tax)

8	Tax 삭제	TTK/X(New Tax 모두 삭제), TTK/O(Old Tax 모두 삭제) TTK/X2(2번 Tax만 삭제)
9	Tax 금액 변경	TTK/X2-XKRW280000(2번 New Tax 금액 변경)
10	New Tax → Old Tax 변경	TTK/X3-O(3번 Tax를 Old로 변경)
11	TST번호별 입력하기 * TTK/ 이후 해당 TST번호를 지정 예) TTK/T1	TTK/T1/TKRW60000 : [T1]은 TST 번호, Total Fare 6만원 TTK/T1-2/XKRW28000BP :[T1-2]은 TST내 번호, New Tax 추가
12	TST내 SEG별 입력하기 * TTK/ 이후 해당 TST번호를 지정 예) TTK/T1	TTK/L1/A1PC : [L1]은 TST내 SEG(여정 번호) 1번에만 1PC입력 TTK/L1-2/A1PC : TST내 여정번호 1-2번에 1PC 입력 TTK/L2/VXX30DEC : TST내 여정번호 2번에 MAX Stay만 입력 TTK/L2/V15DEC20DEC : TST내 여정번호 1-2에 MIN/MAX Stay 입력

(3) TST 삭제

TST를 삭제하려면 Original TST 정보는 TST History로 이관되어 저장한다.

	Entry	해 설
1	TTE/ALL	모든 TST 삭제
2	TTE/PAX	성인+소아 승객의 TST삭제 (유아제외)
3	TTE/INF	모든 유아 TST 삭제
4	TTE/T1	1번 TST 삭제
5	TTE/T1,3	TST 1,3번만 삭제
6	TTE/P1,2,3	1,3,4번 승객 TST 삭제
7	TTE/T1/P1	1번 승객의 TST1번 삭제

예제화면

```
>TQT

TST00001      SELK13919 6E/23DEC I 0            OD SELSEL SI

T-
FXP
   1.HONG/KILDONGMR
 1    ICN KE  121 M 20MAY 1910  OK MLEKZ          20MAY 1PC
 2 O SYD KE  122 M 25MAY 0755  OK MLEKZ          20MAY 1PC
     ICN
Fare              F        KRW                        1832500

TX001 X KRW   28000BPDP TX002 X KRW   53800WYDE TX003 X
KRW   55500AUDP
TOTAL                      KRW                        1969800

GRAND        TOTAL         KRW                        1969800

SEL KE SYD Q126.00 691.36KE SEL Q126.00 691.36NUC1634.72END
 ROE1120.972000

  8.FE  NONENDS.  RISS  CHRG  APPLY-KRW100000.  RFND  PNTY
APPLY-KRW15
0000.
  9.FM *M*0N
 10.FP CASH
 11.FV KE
>TTE/T1
TST DELETED
```

(4) PNR Change Flag

① PNR Change Flag 확인하기

- TST 생성후, 승객의 이름 변경 혹은 비행편이 변경된 경우 TST내 PNR Change Flag가 표시된다.
- PNR Change Flag 표시가 있는 경우 티케 발행 불가
- 운임 여정 등이 기존과 동일한 경우는 PNR Change Flag 제거 후 TST 업데이트 후 발권
- 운임 여정 등이 변경된 경우는 기존 TST 삭제 후 Reprice 하여 TST를 생성 후 발권

예제화면

```
>TQT
T      P/S    NAME                  TOTAL     FQP          SEFMENTS
1   PC.1   LEE/HAEREEMS              KRW       1567700        3
2   PC.2   KANG/MINKYUNGMISS         KRW       1223300        3
DELETED TST RECORDS MAY EXIST - PLEASEUSE TTH
>
>TQT/T1
TST00001 PC SELK13US3  AA/20APR M 0          0D SELBKK SI
T-
FXP
    1. LEE/HAEREEMS
1   ICN   KE 651   Y   01DEC 1715   OK    YRT             20JAN 1PC
    BKK
Fare  F KRW 1514000
TX001 X KRW  28000BP에 TX002 X KRW  25700TSLA
TOTAL  KRW   1567700
GRAND TOTAL 1567700
```

해설 PC Indicator가 표시되었고 BKK/ICN 구간의 여정이 TST에서 삭제 됨.

② PNR Change(PC)Flag 제거하기

- 승객의 이름 변경 또는 비행편이 변경되면 이전에 저장된 TST에 PC Flag가 생성된다.
- 예약이 변경되었더라도 운임 및 여정정보 등의 변동이 없다면 PC Flag를 제거하고 발권 가능하다.
- 운임 등 나머지 조건은 그대로 사용 가능하나, 여정 정보만 상이하다면 필요한 TST사항을 TTK Entry를 이용하여 Manual로 Update 후 발권해야 한다.
- TST내 Pricing Indicator는 Manual로 수정되었음을 의미하는 'M'으로 표시된다.

(삭제 Entry)

	Entry	해 설
1	TTF	PC Flag 삭제하기(TST가 한 개만 있는 경우)
2	TTF/ALL	모든 TST의 PC Flag 삭제
3	TTF/T1	1번 TST의 PC Flag 삭제
4	TTF/T1,3-5	1번, 3-5번의 PC Flag 삭제
5	TTP/T1/F	1번 TST의 PC Flag 삭제 및 발권 지시
6	TTP/P1/F	1번 승객 TST의 PC Flag 삭제 및 발권지시

해설 승객별 지시시 맨뒤에 (예 : /P1)으로 승객번호 지정 / TST 번호별 지시시(예 : /T1)와 같이 TST 번호지정

③ PC Flag 제거하고 발권하기

예제화면

❶ 최초 여정 작성 : SEL /BKKSEL/, KE651/654 3월 20일 출발 28일 귀국
---TST RLR ---

```
RP/SELK13919/SELK13919          6E/SU  23DEC13/0316Z   4LY92L
0956-8486
RF PSGR
  1.LEE/HAEREEMS   2.KANG/MINKYUNGMISS(CHD/20MAY13)
  3  KE 651 Y 20MAR 4 ICNBKK HK2          1715 2105    *1A/E*
  4  KE 654 Y 28MAR 5 BKKICN HK2          0015 0720    *1A/E*
```

❷ FXP 실행 및 TST 저장

```
FXP
    PASSENGER        PTC   NP  Fare<KRW>    TAX  PER  PSGR
01 LEE/HAERE*         ADT   1   1514000      53700     1567700
02 KANG/MINKY*         CH   1   1169600      53700     1223300
                          TOTALS   2683600   107400     2791000
```

❸ 귀국편 KE 652로 변경 : SBKE652*4 (간편 변경 엔트리)

```
SBKE652*4
ASSOCIATED SSR REMOVE - ALL SSR REBOOKED
---TST RLR ---
RP/SELK13919/SELK13919          6E/SU  23DEC13/0316Z   4LY92L
0956-8486
RF PSGR
  1.LEE/HAEREEMS   2.KANG/MINKYUNGMISS(CHD/20MAY13)
  3  KE 651 Y 20MAR 4 ICNBKK HK2          1715 2105    *1A/E*
  4  KE 652 Y 28MAR 5 BKKICN HK2          2245 0550+1 773 E0 B
```

❹ TQT확인

```
TQT
T     P/S   NAME                 TOTAL            FOP      SEGMENTS

1  PC.1 LEE/HAEREEMS          ADT   1   1567700                3
2  PC.2 KANG/MINKYUNGMISS   CH    1    1223300                3
                          TOTALS   2683600   107400     2791000
TQT/T1
```

```
TST00001  PC  SELK13UA3  AA/10FEB  M 0           OD SELBKK SI
T-
FXP
1.LEE/HAEREEMS
 1.  ICN  KE 651 Y 20MAR 1715  OK  YRT                 20MAR 1PC
     BKK
 Fare F KRW 1514000
 TX001 X KRW 28000B PDP   TAX002  X KRW   25700TSLA
 TOTAL KRW 156700
GRAND TOTAL KRW 1567700
SEL  KE  BKK  Q58.00  585.87KE  SEL  Q58.00  585.87NUC1287.74END
ROE1175.686000
8.FV KE
  ( BKK/ICN 구간의 정보가 없어졌다)
```

❺ 여정 UPDATE : PNR상의 3과 4번 SEG를 TST에 반영 즉 전체여정을 업데이트해야 함

```
TTU/T1/S3-4
UPDATE - OK
```

❻ TST 업데이트 사항 확인

```
TQT/T1
TST00001  PC SELK13UA3  AA/20FEB  M 0          OD SELSEL  SI
T-
FXP
1.LEE/HAEREEMS
 1   ICN  KE 651 Y 20MAR 1715  OK  YRT                  20MAR 1PC
 2 O BKK KR 652 Y 28MAR 2245 OK
 Fare F KRW 1514000
 TX001 X KRW 28000B PDP   TAX002  X KRW   25700TSLA
 TOTAL KRW 156700
GRAND TOTAL KRW 1567700
SEL  KE  BKK  Q58.00  585.87KE  SEL  Q58.00  585.87NUC1287.74END
ROE1175.686000
```

```
8.FV KE
BKK/ICN 구간의 Fare Basis, MAX, FBA 입력 필요

❼ 업데이트 시 필요사항 입력 (운임 변동없다고 가정)
Fare Basis, MAX , 위탁수화물 입력

TTK/T1/L2/BYRT/VXX28MAR/A1PC
TST00001 PC SELK13US3 AA/20FEB M 1    OD SELSEL SI
 T-
FXP
1.LEE/HAEREEMS
 1   ICN  KE 651 Y 20MAR 1715  OK  YRT                    20MAR 1PC
 2 O BKK KR 652 Y 28MAR 2245 OK   YRT                    20MAR 1PC
 Fare F KRW 1514000
 TX001 X KRW 28000B PDP   TAX002  X KRW   25700TSLA
 TOTAL KRW 156700
GRAND TOTAL KRW 1567700
SEL  KE  BKK  Q58.00  585.87KE  SEL  Q58.00  585.87NUC1287.74END
ROE1175.686000
8.FV KE

❽ 지불수단 입력
FP CASH
ASSOCIATED SSR REMOVE - ALL SSR REBOOKED
---TST RLR ---
RP/SELK13919/SELK13919          6E/SU  23DEC13/0316Z   4LY92L
0956-8486
---TST RLR ---
RP/SELK13919/SELK13919          6E/SU  23DEC13/0316Z   4LY92L
0956-8486
RF PSGR
  1.LEE/HAEREEMS   2.KANG/MINKYUNGMISS(CHD/20MAY13)
  3  KE 651 Y 20MAR 4 ICNBKK HK2           1715 2105    *1A/E*
```

```
 4  KE 652 Y 28MAR 5 BKKICN HK2          0015 0720    *1A/E*
 5 AP 02-520-1234 BORAM TOUR
 6 TK OK23DEC/SELK13919
 7 SSR CHLD KE HK1 20MAY13/P2
 8 OPW SELK13919-21JAN:1800/1C7/KE REQUIRES TICKET ON OR BEFORE
      22JAN:1800/S3-4
 9 OPC SELK13919-22JAN:1800/1C8/KE CANCELLATION DUE TO NO
      TICKET/S3-4
10 FP CASH
```

❾ 발권지시 TTP – 발권지시어, T1 – TST1번, F: PC Flag 제거
만약 PC Flag를 삭제하지 않고 발권지시 하는 경우 "ITINERY/NAME CHANGE-VERIFY TST"라는 Error 메시지가 나오며 항공이 발행되지 않는다.

❿ 발권확인
RT4LY92L

(5) TST History

- TST History를 통해 TST 변경, 취소 사항을 확인 할 수 있다.
- E 엔터 이전에 FXP를 여러번 지시한 경우 TST는 최종 것만 반영된다.
- TST번호는 Pricing을 지시할 때마다 생성되며 번호를 중복하여 생성되지 않는다.
  - Current TST History 조회
  - Deleted TST History 조회
- 기 생성된 TST가 자동 Delete(삭제) 처리 되는 경우
  - 전체 여정의 취소
  - TST 수동 삭제
  - TST가 기 생성된 승객에 대해, 수동으로 TST 추가 생성한 경우
  - TST가 기 생성된 승객에 대해, 운임 산출을 다시 요청한 경우 또는

Class 변경한 경우
- TST가 기 생성된 승객의 이름이 취소되는 경우, 해당 승객의 TST 삭제

① TST History 조회

	Entry	해 설
1	TTH	TST History 생성
2	TTH/T1	1번 TST의 History 조회하기

예제화면

● **PNR 조회**

```
--- TST RLR ---
RP/SELK13919/SELK13919          6E/SU  23DEC13/0443Z   4LZM2M
0943-9938
  1.HONG/KILDONGMR
  2 KE 651 C 20MAY 2 ICNBKK HK1          1715 2105    *1A/E*
  3 AP SEL 02-520-1234 BORAM TOUR
  4 TK OK23DEC/SELK13919
```

● **TST HISTORY 조회**

TTH

```
** CURRENT HISTORY
AN   HONG/KILDONGMR
AT   I
AS   ICN KE651 C 20MAY14 1715 OK
AV   XX 20MAY ICN KE651 C 20MAY14 1715 OK
AA   2PC ICN KE651 C 20MAY14 1715 OK
AB   COW ICN KE651 C 20MAY14 1715 OK
AD   SELBKK
AF/F KRW1166100/XKRW28000BPDP/TKRW1194100/GTKRW1194100
```

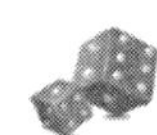

```
ACT  VC KE/FOP/POS SELK13919
AC   SEL KE BKK Q58.00 982.18NUC1040.18END ROE1120.972000
PE   FXP
FC/  AUTOMATICALLY PRICED *0*
001 RF-PS  CR-SELK13919 SU 32246E 23DEC/0443Z
 >
```

TTH/T1

```
** CURRENT HISTORY
AN   HONG/KILDONGMR
AT   I
AS   ICN KE651 C 20MAY14 1715 OK
AV   XX 20MAY ICN KE651 C 20MAY14 1715 OK
AA   2PC ICN KE651 C 20MAY14 1715 OK
AB   COW ICN KE651 C 20MAY14 1715 OK
AD   SELBKK
AF/F KRW1166100/XKRW28000BPDP/TKRW1194100/GTKRW1194100
ACT  VC KE/FOP/POS SELK13919
AC   SEL KE BKK Q58.00 982.18NUC1040.18END ROE1120.972000
PE   FXP
FC/  AUTOMATICALLY PRICED *0*
```

001 RF-PS CR-SELK13919 SU 32246E 23DEC/0443

```
 >

XN   HONG/KILDONGMR
XT   I
XS   ICN KE651 C 20MAY14 1715 OK
XV   XX 20MAY ICN KE651 C 20MAY14 1715 OK
XA   2PC ICN KE651 C 20MAY14 1715 OK
XB   COW ICN KE651 C 20MAY14 1715 OK
XD   SELBKK
XF/F KRW1166100/XKRW28000BPDP/TKRW1194100/GTKRW1194100
```

```
XCT  VC KE/FOP/POS SELK13919
XC   SEL KE BKK Q58.00 982.18NUC1040.18END ROE1120.972000
XE   FXP
XC/  AUTOMATICALLY PRICED *0*
```
002 RF-PS CR-SELK13919 SU 32246E 23DEC/0443

해설
- A : ADD
- X : 취소
- C : Change

(6) FM Element : 커미션 입력(HE FM)

	구분	커미션 구분	Entry 해설
1	성인+소아+유아 TST	Full COMM	FM9G : 모든 승객 9컴 FM0G : 모든 승객 0컴 FM0G/P2,4 : 승객번호 2, 4번만 0컴입력
		Net COMM	FM9N : 모든 승객 9컴 FM0N : 모든 승객 0컴 FM0N/P2,4 : 승객번호 2, 4번만 0컴입력
2	성인+소아 TST	Full COMM	FMPAX9G : 유아제외 모든 승객 9컴 FMPAX0G : 유아제외 모든 승객 0컴 FMPAX0G/P2,4 : 승객번호 2, 4번만 0컴입력
		Net COMM	FMPAX9N : 유아제외 모든 승객 9컴 FMPAX0N : 유아제외 모든 승객 0컴 FM0PAX0N/P2,4 : 승객번호 2, 4번만 0컴입력
3	유아 TST	Full COMM	FMINF9G : 모든 승객 9컴 FMINF0G : 모든 승객 0컴 FMINF0G/P2,4 : 승객번호 2, 4번만 0컴입력
		Net COMM	FMINF9N : 모든 승객 9컴 FMINF0N : 모든 승객 0컴 FMINF0N/P2,4 : 승객번호 2, 4번만 0컴입력

해설

- 승객별 지시시 맨뒤에 "/P1"으로 승객번호 지정 TST번호 지정은 불가
- 삭제 : XE9 (9:라인번호), 수정기능은 없으며 삭제 후 다시 입력함
- G는 Gross COMM : Shown에서 COMM적용 / N은 Net COMM : Discount 공제한 Net COMM 적용
- 타 승객과 TST 번호가 동일하게 사용된 경우, 승객번호(/P2,4)를 지정하면, TQT로 조회 시 해당 승객에 대해 새로운 TST가 부여됨.
- COMM입력 시 소수점 둘째 자리까지 입력가능(EX :FM5.00N)
- Net COMM 적용할 경우 반드시 Discount 금액을 입력해야 함.
- No COMM 경우 FM0N 또는 FM0G를 반드시 입력해야 함.
  - FM0M으로 입력 시에는 DISC 금액도 함께 입력해야 함.
  - No COMM & No DISC시 : ① FM0G 또는 ② FM0N와 No DISC 의미인 TTN/D0 함께 입력
- 항공사가 별도의 Commission 테이블이 유지하는 경우 자동 입력되기도 함(예 : AF)

예제화면

```
FM5N
--- RLR ---
RP/SELK13919/SELK13919        6E/SU   23DEC13/0516Z    4LZS4R
0958-0026
  1.PARK/JISUNGMR    2.KI/SUNGYONGMR
  3  KE 121 Y 20MAY 2 ICNSYD HK2        1910 0625+1 *1A/E*
  4  KE 122 Y 30MAY 5 SYDICN HK2     1  0755 1725   *1A/E*
  5 AP SEL 02-520-1234 BORAM TOUR
  6 TK OK23DEC/SELK13919
  7 OPW SELK13919-05FEB:1800/1C7/KE REQUIRES TICKET ON
OR BEFORE
        06FEB:1800/S3-4
  8 OPC SELK13919-06FEB:1800/1C8/KE CANCELLATION DUE TO NO
        TICKET/S3-4
  9 FM *M*5N
```

(7) DICS Element : 할인 금액 입력

	Entry	해 설
1	TTN/D50000/T1	1번 TST, DICS 금액 입력 TTN/D50000 : 디스카운트 금액입력 지시어
2	TTN/D30000	TST 한 개인 경우
3	TTN/B	Discount Balance 입력 TTN/B100000: (DC - ORGDC)

해설

	Entry	해 설
1	TTN/D50000/T1	1번 TST, DICS 금액 입력 TTN/D50000 : 디스카운트 금액입력 지시어
2	TTN/D30000	TST 한 개인 경우
3	TTN/B	Discount Balance 입력 TTN/B100000: (DC - ORGDC)

해설

- TST 번호별 지시시 맨뒤에 "/T1"으로 TST번호 지정
  승객번호/SEG번호/PAX,INF 지정불가
- 수정기능이 없으며 새로운 DICS를 입력하면 새로운 금액으로 변경
- DICS 금액 입력 후, 입력된 DICS 금액 삭제는 불가하며, TTN/DO/T1 (T1:TST번호-필요시)으로 입력한다.
- DICS 금액이 표시된 TST를 보려면 TQN/T1(T1: TST번호)로 지시한다.

(8) FV Element : Validating carrier, 발권항공사 지정 HE FV

	구분	Entry 및 해설
1	성인+소아+유아	FVKE : KE로 발권 항공사 지정 FVKE/P1 : 1번승객 발권 항공사 KE로 지정
2	성인+소아 TST	FVPAXKE : KE로 발권 항공사 지정 FVPAXKE/P1 : 1번 승객 발권 항공사 KE로 지정
3	유아 TST	FVINFKE : KE로 발권항공사 지정 FVINFKE/P1 : 1번승객 발권항공사 KE로 지정

예제화면

```
FM5N
--- RLR ---
RP/SELK13919/SELK13919          6E/SU  23DEC13/0516Z   4LZS4R
0958-0026
  1.PARK/JISUNGMR    2.KI/SUNGYONGMR
  3  KE 121 Y 20MAY 2 ICNSYD HK2          1910 0625+1 *1A/E*
  4  KE 122 Y 30MAY 5 SYDICN HK2       1  0755 1725   *1A/E*
  5 AP SEL 02-520-1234 BORAM TOUR
  6 TK OK23DEC/SELK13919
  7 OPW SELK13919-05FEB:1800/1C7/KE REQUIRES TICKET ON OR BEFORE
       06FEB:1800/S3-4
  8 OPC SELK13919-06FEB:1800/1C8/KE CANCELLATION DUE TO NO
       TICKET/S3-4
  9 FM *M*5N
14. FV PAX KE/S3-4/P1-2
```

• 승객별 지시시 맨뒤에 "/P1"으로 승객번호 지정하고 TST번호 지정은 불가함.

- XE9 : 9번라인 삭제(수정기능 없음)
- FXP 실행 후 TST 생성시 자동으로 입력된다.
- 타 승객과 TST 번호가 동일하게 사용된 경우, 승객번호 (P2,4)를 지정하면, TQT로 조회시 해당 승객에 대해 새로운 TST가 부여된다.

(9) FP Element : 지불수단 Form of Payment. HE FP)

	구분	ENTRY 및 실행	
1	성인+소아+유아	현금	FPCASH : 현금 지불 FPCASH/P1,3 1번3번 손님 현금 지불
		카드	FPCCVI4444555566667777/0120*E03N11112222 FP : 기본지시어 CCVI444~: 카드종루 및 번호 0120 : 카드유효기간 (2012년 1월 만기) *E03 : 3개월할부 (일시불일 경우 생략가능) N11112222 : 카드 승인번호 FPCCVI4444555566667777/0120*E03N11112222/P,3 : 1번 3번 손님 카드지불
		혼합	FPCCVI4444555566667777/0120*E00/KRW200000 : 20만원 카드, 나머지금액 현금 FPCCVI4444555566667777/0120*E00/N22223333/KRW200000 : 승인번호 수동 입력 FPCCVI4444555566667777/0120*E00/KRW200000/P1,3 : 1, 3번 승객 20만원카드 나머지 현금 지불
2	성인+소아 TST	현금	FPPAXCASH : 현금 지불 FPCASH/P1,3 1번3번 손님 현금 지불
		카드	FPPAXCCVI4444555566667777/0120*E03N11112222 FPCCVI4444555566667777/0120*E00/KRW200000/P1,3 : 1, 3번 승객 20만원카드 나머지 현금 지불
		혼합	FPCCVI4444555566667777/0120*E00/KRW200000

			: 20만원 카드 나머지 현금 FPPAXCASH+CCVI4444555566667777/0120*E00/KRW200000/P1,3 : 1, 3번 승객 20만원카드 나머지 현금 지불
3	유아 TST	현금	FPINFCASH : 현금 지불 FPINFCASH/P1,3 : 1번3번 손님 현금 지불
		카드	FPINFCCVI4444555566667777/0120*E00/KRW200000 FPINFCCVI4444555566667777/0120*E00/KRW200000/P1,3 : 1, 3번 승객 20만원카드 나머지 현금 지불
		혼합	FPINFCASH+CCVI4444555566667777/0120*E00/KRW200000 : 20만원 카드 나머지 현금 FPINFCASH+CCVI4444555566667777/0120*E00/KRW200000/P1,3 : 1, 3번 승객 20만원카드 나머지 현금 지불

주의

- 타 승객과 TST 번호가 동일하게 사용될 경우, 승객 번호(P2,4)를 지정하면, TQT로 조회시 해당 승객에게 새로운 TST가 부여된다.
- 카드 발권시 승인번호를 입력하지 않으면, 시스템을 통해 자동으로 승인 요청 처리된다.

(10) FE Element : Endorsement 및 Restriction, HE FE)

	구분	Entry
1	성인+소아+유아	FENON ENDS : 기본 지시어 FENON ENDS/P1 : 1번 승객에게 NON END 입력
2	성인+소아 TST	FEPAXNON ENDS : 기본 지시어 FEPAXNON ENDS/P1 : 1번 승객에게 NON END 입력
3	유아 TST	FEINFNON ENDS : 기본 지시어 FEINFNON ENDS/P1 : 1번 승객에게 NON END 입력

주의

- 승객별 지시시 맨 뒤에 "/P1"으로 승객번호 지정하고 TST번호 지정은 불가함.

- FE 다음은 Free Format : FE 란은 선택 입력란 최대 123Bytes까지 입력가능.
- XE9 : 라인 삭제(수정기능 없음)
- 수정 : 13/NO DATE CHNG ALLOWED (13번 라인에 기 입력된 FE 입력사항 수정)
- 이미 입력된 FE LINE 에 추가입력 : 13/NON REFUND (13번 라인에 추가입력)
- 타 승객과 TST 번호가 동일하게 사용된 경우, 승객번호 (P2,4)를 지정하면, TQT로 조회 시 해당 승객에 대해 새로운 TST가 부여된다.

(11) FT Elements : AUTH No 및 Tour Code, HE FT

	구분	Entry 및 실행
1	성인+소아+유아	FT*3SDQIININS : AUTH No 입력 FT*3SDQIININS/P1 : 1번 승객 AUTH No 입력
2	성인+소아 TST	FPAXT*3SDQIININS : AUTH No 입력 FTPAX*3SDQIININS/P1 : 1번 승객 AUTH No 입력
3	유아 TST	FTINF*3SDQIININS : AUTH No 입력 FTINF*3SDQIININS/P1 : 1번 승객 AUTH No 입력

주의
- 승객별 지시 시 맨 뒤에 "/P1"으로 승객번호 지정하고 TST번호 지정은 불가함.
- 가격 AUTH No 입력시 FT를 사용한다. FT는 한개만 입력 가능하고 가격 승인번호가 2개인 경우 추가분은 FE 사항으로 입력한다.
- 수정 : 14/*3SDQIININS(14번 라인에 기 입력된 FE 입력사항 수정)
- **도트, 슬래쉬이외 특수 문자 사용금지**
- 타 승객과 TST 번호가 동일하게 사용된 경우, 승객번호 (P2,4)를 지정하면, TQT로 조회 시 해당 승객에 대해 새로운 TST가 부여된다.

(12) FS Element : Conjunction 항공권번호(대한항공 Only)

	구분	Entry 및 실행
1	성인+소아+유아	FSCONJ180-1234567890 : 연결 항공권 번호 입력 FSCONJ180-1234567890/P1 1번승객에게 CONJ 입력
2	성인+소아 TST	FSPAXCONJ180-1234567890 : 연결 항공권 번호 입력 FSPAXCONJ180-1234567890/P1 1번승객에게 CONJ 입력
3	유아 TST	FSINFCONJ180-1234567890 : 연결 항공권 번호 입력 FSINFCONJ180-1234567890/P1 1번승객에게 CONJ 입력

주의
- 승객별 지시 시 맨 뒤에 "/P1"으로 승객번호 지정하고 TST번호 지정은 불가함.
- 수정기능이 없으므로 변경시 삭제 후 다시 입력한다.
- KE 이외의 항공사의 경우, CONJ 번호는 FE 필드를 이용하여 입력한다.
  EX) FE NON ENDS/DOB 10JUN11/CONJ 180-1234567890

(13) 발권지시

	구분	Entry 및 실행
1	성인+소아+유아	TTP: 발권 지시 TTP/RT : 발권 후 PNR 조회 TTP/T1,4/RT : 1, 4번 TST 발권 후 PNR 조회 TTP/P1/RT : 1번 승객만 발권 후 PNR 조회 TTP/P1,3/RT : 1,3번 승객만 발권 후 PNR 조회
2	성인+소아 TST	TTP/PAX/RT : 발권지시 TTP/PAX/P1/RT : 1번 승객만 발권 후 PNR 조회 TTP/PAX/P1,3/RT : 1,3번 승객만 발권 후 PNR 조회
3	유아 TST	TTP/INF/RT : 발권지시 TTP/INF/P1/RT : 1번 승객만 발권 후 PNR 조회 TTP/INF/P1,3/RT : 1,3번 승객만 발권 후 PNR 조회

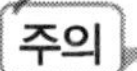

주의

- 승객과 TST번호 결합하여 발권 지시 불가
- TTP/PAX와 TST 번호결합 지정 불가, TTP/INF와 TST 번호 결합지정 불가
- TTP/TKT : 발권가능 여부 사전 Check Entry → O.K TO TICKET(발권해도 됨)

7. 실전 E-Ticketing

1) 성인, DISC 적용, NO-COMM. 지불 수단(현금 + 카드)

순서	진행 Entry	해설
1	RT12345678	완성된 예약번호 조회
2	FXP	자동운임 및 TST생성
3	TTN/D200000	할인금액 입력(필요시)
4	FENON-ENDS	양도 사항
5	FM0N	COMMISSION 입력(필요시)
6	FPCASH	현금 지불
7	ER	재저장
8	RT	재확인
9	TQT	TST 정보확인, DICS 있는 경우 TQT
10	TTP/RT	발권지시

① 발권할 작성된 예약번호 조회

RT4FIXEO

응답화면

```
--- RLR ---
RP/SELK13919/SELK13919          6E/SU   3DEC13/0728Z   4FIXEO
0907-3085
  1.KIM/ALICEMS
  2  KE 691 E 20MAY 2 ICNTPE HK1          1035 1205    *1A/E*
  3  KE 692 E 25MAY 7 TPEICN HK1       1  1325 1655    *1A/E*
  4 AP 02-123-4567
  5 TK OK03DEC/SELK13919
  6 OPW SELK13919-05DEC:1800/1C7/KE REQUIRES TICKET ON OR BEFORE
       06DEC:1800/S2-3
  7 OPC SELK13919-06DEC:1800/1C8/KE CANCELLATION DUE TO NO
       TICKET/S2-3
```

② FXP : 자동운임 산출 및 지시어

```
FXP
```

응답화면

```
FXP
01 KIM/ALICE*
------------------------------------------------
    AL FLGT  BK   DATE  TIME  Fare Basis      NVB  NVA   BG
 SEL
 TPE KE  0691 E    20MAY 1035  ELEKS                20NOV 1P
 SEL KE  0692 E    25MAY 1325  ELEKS                20NOV 1P
KRW    418700      20MAY14SEL KE TPE Q44.00 142.73KE SEL Q
                   44.00 142.73NUC373.46END ROE1120.972000
KRW    28000BP
KRW    11300TW
```

```
KRW     458000
TICKET STOCK RESTRICTION
BG CXR: KE/KE
PRICED WITH VALIDATING CARRIER KE - REPRICE IF DIFFERENT VC
50000 KRW PENALTY APPLIES
```

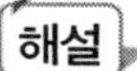

• 상기 그림에는 한가지 운임만 보인다.
• 만약 다른 운임도 같이 보이면 해당운임을 FXT2와 같이 선택하면 된다.

③ 디스카운트 금액 설정

TTN/D200000

응답화면

```
>TTN/D200000

TST00001        SELK13UA3 AA/07JAN B 1            OD SELSEL SI
T-
FXP

    1. KIM/ALICE MS
 1      ICN
 2 O    HKG KE  0603 M    20APR 0820 OK  MLEKS         20APR 1P
        ICN KE  0604 M    25APR 1205 OK  MLEKS         20APR 1P
          P KRW       663500
          N KRW       463500             D/C  KRW       300000
Fare      F KRW       463500
TX001     X KRW       280000BPDP  TX002 X  KRW    17500HKAE
TOTAL       KRW        509000
```

```
GRAND TOTAL KRW       509000
SELKE     HKG     Q44.00     249.78KE     SEL     Q44.00     Q4.25
249.78NUC591.81END
 ROE1120.972000
SIA/N//////N////

11.FV  KE
```

해설 • D/C KRW 300000 : 할인 금액표시
• 11.FV KE : 주관항공사 대한항공 자동으로 생성

④ 양도 사항입력

지시어

```
FENON-END
```

해설 • FE : 지시어
• NON-END : NON ENDORSEMENT 다른 항공사로 양도 제한됨

⑤ Commision 입력

지시어

```
FM0N
```

해설 • FM : 커미션 입력 지시어
• 0N : No Commision 표시

⑥ 지불수단입력

```
FPCASH+CCVI4567123456781234/0720*E00/N12345678/KRW300000
```

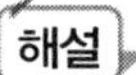

- FP : 지불수단 입력 지시어
- CCVI : 비자카드와 번호
- 0720*E00 : 카드 유효기간 2020년 7월 및 일시불
  예) E00 = 일시불, E03 = 3개월 할부

⑦ 재저장

ER

⑧ 재저장 후 화면 도출하기

지시어

RT

응답화면

```
---TST RLR ---
RP/SELK13919/SELK13919          6E/SU   3DEC13/0728Z   4FIXEO
0907-3085
  1.KIM/ALICEMS
  2  KE 691 E 20MAY 2 ICNTPE HK1          1035 1205   *1A/E*
  3  KE 692 E 25MAY 7 TPEICN HK1        1 1325 1655   *1A/E*
  4 AP 02-123-4567
  5 TK OK03DEC/SELK13919
  6 OPW SELK13919-05DEC:1800/1C7/KE REQUIRES TICKET ON OR BEFORE
        06DEC:1800/S2-3
  7 OPC SELK13919-06DEC:1800/1C8/KE CANCELLATION DUE TO NO
        TICKET/S2-3
  8 RC SELK13UA3-W/FFO0
  9 FE *M*NON-ENDS
 10 FM *M*0N
 11 FPCASH+CCVI4567123456781234/0720*E00/N12345678/KRW300000
 12 FV PAX KE/S2-3
```

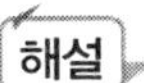

• 맨 윗부분에 TST RLR 즉 TST가 생성되었다.
• 발권의 필수 요소 : TST, FE, FM, FP, FV 생성되었다.

⑨ TQN(DISC가 적용된 TST 조회)

지시어

```
TQN
```

```
>TTN/D200000

TST00001      SELK13UA3 AA/07JAN B 1          OD SELSEL SI
T-
FXP

    1. KIM/ALICE MS
 1      ICN
 2 O    HKG KE   0603 M    20APR 0820 OK   MLEKS       20APR 1P
        ICN KE   0604 M    25APR 1205 OK   MLEKS       20APR 1P
          P KRW       663500
          N KRW       463500                D/C  KRW        300000
Fare      F KRW       463500
TX001   X KRW       280000BPDP  TX002 X   KRW     17500HKAE
TOTAL     KRW        509000
GRAND TOTAL KRW        509000
SELKE HKG Q44.00 249.78KE SEL Q44.00 Q4.25 249.78NUC591.81END
 ROE1120.972000
SIA/N//////N////

  9 FE *M*NON-ENDS
 10 FM *M*0N
 11 FPCASH+CCVI4567123456781234/0720*E00/N12345678/KRW300000
 12 FV PAX KE/S2-3
```

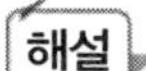

- 할인금액 확인 시 TQN, 할인이 없는 경우 확인은 TQT
- Pricing Indicator에 F는 자동생성 B는 수동생성을 의미한다.

⑩ 발권지시

```
TTP/RT
```

응답화면

```
>TTP/RT

OK ETICKET
```

⑪ 발권된 티켓 조회

지시어

```
RT
```

응답화면

```
---TST RLR ---
RP/SELK13919/SELK13919          6E/SU    3DEC13/0728Z    4FIXEO
0907-3085
  1.KIM/ALICEMS
  2  KE 691 E 20MAY 2 ICNTPE HK1          1035 1205    *1A/E*
  3  KE 692 E 25MAY 7 TPEICN HK1        1 1325 1655    *1A/E*
  4 AP 02-123-4567
  5 TK OK03DEC/SELK13919
  6 OPW SELK13919-05DEC:1800/1C7/KE REQUIRES TICKET ON OR BEFORE
        06DEC:1800/S2-3
  7 OPC SELK13919-06DEC:1800/1C8/KE CANCELLATION DUE TO NO
```

```
     TICKET/S2-3
 8 RC SELK13UA3-W/FFO0
 9 FA PAX 180-1234567890/ETKE/KRW5180000//07JAN14/SELK13UA3/
   17320004/S2-3
10 FB FAX 1100003138 TTP/RT OK ETICKET/S2-3
11 FE *M*NON-ENDS
12 FM *M*0N
13 FPCASH+CCVI4567123456781234/0720*E00/N12345678/KRW300000
14 FV PAX KE/S2-3
```

해설
- FA : 발권된 이티켓 항공권 번호와 주관항공사, 금액, 발권총금액, 발권일, 발권 회사아이디가 나타난다.
- FB : A.I.R Data Interface Record Sequence Number(System에 저장된 Data)

2) 성인/소아, DISC 적용, NO-COMM. 지불 수단(현금 + 카드)

	구 분	성 인	소 아
1	예약번호 조회	RT6324-1222	
2	운임 산출 및 TST 생성	FXP	
3	TST조회	TQT1	TQT2
4	NON-END 입력	FENON ENDS(기 입력된 경우, 입력불필요)	
5	디스카운트 금액입력	TTN/D100000/T1	TTN/D75000/T2
6	AUTH No 입력	FT*3AAAININE	
7	할인운임 정보	FM0N	
8	AUTH No 입력	FPCASH/P1	FPCCMC5555111122223333 /0120*E03/N22223333/P2
9	DOB 입력		TQT/T2→12//DOB08AUG11 12: FE가 입력된 해당 Element 번호에 내용 추가

10	연결항공권 번호 입력		KEONLY FS CONJ180-5950001790/P2 KE이외항공사 : 12//988-97000002280 12: FE가 입력된 해당 Element 번호에 내용추가
11	TST확인(DICS정보포함)	TQN/T1	TQN/T2
12	발권진행	TTP/P1/RT	TTP/P2/RT

① RT1234-5678(해당 예약번호 조회)

```
  --- RLR ---
RP/SELK13919/SELK13919        6E/SU  20DEC13/0422Z   4KZ8QU
0959-9750
  1.LEE/HAEREEMS   2.KANG/MINKYUNGMISS(CHD/20MAY11)
  3  BA 018  M 20MAY 2 ICNLHR HK2          1035 1430    *1A/E*
  4  BA 017  M 30MAY 5 LHRICN HK2       5  1340 0825+1 *1A/E*
  5 AP 02-520-1234 BORAM TOUR
  6 TK OK20DEC/SELK13919
  7 SSR CHLD BA HK1 20MAY11/P2
```

② 운임 산출 및 TST 생성

```
FXP
FXP
   PASSENGER          PTC    NP   Fare KRW      TAX     PER PSGR
01 LEE/HAERE*         ADT     1    1920000   588300     2508300
02 KANG/MINKY*         CH     1    1440000   588300     2028300
                   TOTALS     2    3360000  1176600     4536600
1-2 TICKETS ARE NON REFUNDABLE AFTER DEPARTURE
```

③ 성인 TST 확인(NON END 사항 이미 입력됨)

```
TQT/T1
T  P/S NAME          TOTAL     FOP                        SEGMENT
1.  .1 LEE/HAEREEMS                  KRW   2508300
2.  .2 KANG/MINKYUNGMISS       KRW 2028300

>
 TQT/T1
 TST00001      SELK13919 6E/20DEC I 0             OD SELSEL SI
 T-
 FXP
   1.LEE/HAEREEMS
 1      ICN  BA   018  M  20MAY  1035   OK  MLRCEA                  1PC
 2  O  LHR  BA   017  M  30MAY  1340   OK  MLRCEA      3MAY       1PC
        ICN
 Fare                          F            KRW                            1920000

 TX001 X KRW   346200YQAC TX002 X KRW    28000BPDP TX003 X KRW
 145900GBAD
 TX004  X  KRW      68200UBAS
 TOTAL     KRW      2508300
 GRANDTOTAL  KRW      2508300
 SEL  BA  LON856.39BA  SEL856.39NUC1712.78END  ROE1120.972000

  8.FE  NONEND  FLT/DATE  CHG  PENALTY  APPLY
  10.FV  BA
```

④ DISC 금액, 승인번호, 커미션, 지불수단입력→1번승객 TST 조회

```
TTN/D100000/T12
FT*3AAAIININE
FM0N
```

```
FPCASH/P1

TST00012     SELK13919 6E/20DEC I 0        OD SELSEL SI
T-
FXP
   1.LEE/HAEREEMS
 1   ICN BA  018 M 20MAY 1035  OK MLRCEA                 1PC

 2 O LHR BA  017 M 30MAY 1340  OK MLRCEA     23MAY     1PC

     ICN
       P KRW    1920000
       N KRW    1820000                D/C    KRW       100000
Fare  F KRW    1820000
TX001 X KRW  346200YQAC TX002 X KRW  28000BPDP TX003 X
KRW  145900GBAD  TX004 X KRW    68200UBAS
TOTAL   KRW    2408300
GRAND TOTAL KRW    2408300
SEL BA LON856.39BA SEL856.39NUC1712.78END ROE1120.972000
SIA/N//////N/////
  9.FE NONEND FLT/DATE CHG PENALTY APPLY
 10.FM *M*0N
 11.FP CASH
 12.FT*3SDQIININE
 13.FV BA
```

⑤ 성인승객 발권지시

```
TTP/P1/RT
OK ETICKET
---TST RLR ---
RP/SELK13919/SELK13919        6E/SU  20DEC13/0422Z   4KZ8QU
```

```
0959-9750
  1.LEE/HAEREEMS    2.KANG/MINKYUNGMISS(CHD/20MAY11)
  3  BA 018 M 20MAY 2 ICNLHR HK2          1035 1430   *1A/E*
  4  BA 017 M 30MAY 5 LHRICN HK2      5   1340 0825+1 *1A/E*
  5 AP 02-520-1234 BORAM TOUR
  6 TK OK20DEC/SELK13919
  7 SSR CHLD BA HK1 20MAY11/P2
```

9FA PAX 125-9700003380/ETBA/KRW2426200/25APR14/SELK13UA3/17320004/S3-4/P1

⑥ 소아 TST 확인 및 DICS 금액 입력

TQT/T2
TTN/D75000/T2
TQN/T2

```
TST00002      SELK13919 6E/20DEC I 0          OD SELSEL SI
T-
FXP
   2.KANG/MINKYUNGMISS(CHD/20MAY11)
 1    ICN BA  018 M 20MAY 1035  OK MLRCEACH              1PC
 2 O LHR BA  017 M 30MAY 1340  OK MLRCEACH     23MAY   1PC
     ICN
Fare  F KRW    1440000
TX001 X KRW   346200YQAC TX002 X KRW   28000BPDP TX003 X
KRW
145900GBAD
TX004 X KRW    68200UBAS
TOTAL   KRW    2028300
GRAND TOTAL KRW    2028300
SEL BA LON642.29BA SEL642.29NUC1284.58END ROE1120.972000
SIA/N/////N////
```

```
12.FE*M*NON END FLT/DATE PENALTY APPLY
13.FM*M*0N
15.FT*3SDQIININE
17.FV BA
```

⑦ 소아 지불수단 입력(카드)

```
FPCCVI4444111122223333/0420*E03/N11112222/P2
TQN/T2
TQN/T2
TST00002      SELK13919 6E/20DEC I 0           OD SELSEL SI
T-
FXP
   2.KANG/MINKYUNGMISS(CHD/20MAY11)
 1    ICN BA  018 M 20MAY 1035  OK MLRCEACH                 1PC
 2 O LHR BA  017 M 30MAY 1340  OK MLRCEACH      23MAY  1PC
     ICN
      P KRW  1440000
      N KRW  1365000                         D/C    KRW     75000
Fare  F KRW    1365000
TX001 X KRW  346200YQAC TX002 X KRW  28000BPDP TX003 X KRW
145900GBAD
TX004 X KRW    68200UBAS
TOTAL   KRW    1953300
GRAND TOTAL KRW    1953300
SEL BA LON642.29BA SEL642.29NUC1284.58END ROE1120.972000
SIA/N/////N////

12.FE*M*NON END FLT/DATE PENALTY APPLY
13.FM*M*0N
15.FPCCVI4444111122223333/0420*E03/N11112222
16.FT*3SDQIININE
17.FV BA
```

⑧ 소아 생년월일을 기존 입력된 FE 사항에 추가

```
12//DOB 02JUL11
12//125-9700003380
TQN/T2
TST00002      SELK13919 6E/20DEC I 0           OD SELSEL SI
T-
FXP
   2.KANG/MINKYUNGMISS(CHD/20MAY11)
 1   ICN BA  018 M 20MAY 1035  OK MLRCEACH  1PC
 2 O LHR BA  017 M 30MAY 1340  OK MLRCEACH    23MAY  1PC
     ICN
      P KRW  1440000
      N KRW  1365000                     D/C   KRW    75000
Fare  F KRW    1365000
TX001 X KRW  346200YQAC TX002 X KRW  28000BPDP TX003 X KRW
145900GBAD
TX004 X KRW    68200UBAS
TOTAL   KRW    1953300
GRAND TOTAL KRW    1953300
SEL BA LON642.29BA SEL642.29NUC1284.58END ROE1120.972000
SIA/N/////N////
12.FE*M*NON END FLT/DATE PENALTY APPLY  12//DOB
 02JUL11 125-9700003380
13.FM*M*0N
15.FPCCVI4444111122223333/0420*E03/N11112222
16.FT*3SDQIININE
17.FV BA
```

⑨ 소아 발권지시

```
TTP/P2/RT
OK ETICKET
```

```
 ---TST RLR ---
RP/SELK13919/SELK13919          6E/SU  20DEC13/0422Z   4KZ8QU
0959-9750
  1.LEE/HAEREEMS   2.KANG/MINKYUNGMISS(CHD/20MAY11)
  3  BA 018 M 20MAY 2 ICNLHR HK2          1035 1430   *1A/E*
  4  BA 017 M 30MAY 5 LHRICN HK2       5  1340 0825+1 *1A/E*
  5 AP 02-520-1234 BORAM TOUR
  6 TK OK20DEC/SELK13919
  7 SSR CHLD BA HK1 20MAY11/P2
  9FA PAX 125-9700003380/ETBA/KRW2426200/25APR14/SELK13UA3/
  17320004/S3-4/P1
 10.FA PAX 125-9700003381/ETBA/KRW1953300/25APR14/SELK13UA3/
  17320004/S3-4/P2
```

3) 성인/동반 유아, DICS 성인 10만원 유아 NO DICS AUTH No 성인 3AAAIININS 지불수단 성인 현금 유아 5만원 카드 일시불 나머지 캐쉬, No COMM

	구 분	성 인	소 아
1	예약번호 조회	RT6324-1222	
2	운임 산출 및 TST 생성	FXP	
3	TST조회	TQT1	TQT2
4	NON-END 입력	FENON ENDS(기 입력된 경우, 입력 불필요)	
5	디스카운트 금액입력	TTN/D100000/T1	
6	AUTH No 입력	FT*3AAAININE	
7	할인운임 정보	FM0N	FM0G
8	AUTH No 입력	FPCASH	FPINFCCVI4444111122223333 /0120*E03/N22223333/P2

9	DOB 입력		TQT/T2→12//DOB08AUG11 12: FE가 입력된 해당 Element 번호에 내용추가
10	연결항공권 번호 입력		KEONLY FS CONJ180-5950001790/P2 KE이외항공사 : 12//988-97000002280 12: FE가 입력된 해당 Element 번호에 내용추가
11	TST확인(DICS정보포함)	TQN/T1	TQN/T2
12	발권진행	TTP/P1/RT	TTP/P2/RT

① 예약번호 조회

```
--- RLR ---
RP/SELK13919/SELK13919          6E/SU  20DEC13/0942Z   4K45FE
0925-0292
  1.LEE/HAEREEMS(INFKANG/MINKYUNGMISS/02NOV13)
  2  KE 651 E 20MAY 2 ICNBKK HK1        1715 2105    *1A/E*
  3  KE 654 E 28MAY 3 BKKICN HK1        0015 0720    *1A/E*
  4 AP BORAM TOUR
  5 TK OK20DEC/SELK13919
```

② 운임 산출 및 TST생성

```
FXP


FXP
   PASSENGER          PTC    NP   Fare KRW       TAX     PER PSGR
01 LEE/HAERE*          ADT     1      630100    51800      681900
02 KANG/MINKY*          IN     1       50000        0       50000
                   TOTALS      2      680100    51800      731900
1-2 50000 KRW PENALTY APPLIES
```

③ 성인 TST 확인

```
TQT/T2
TST00002     SELK13919 6E/20DEC I 0          OD SELSEL SI
T-
FXP
   1.LEE/HAEREEMS
 1    ICN KE  651 E 20MAY 1715  OK ELEKS            20NOV 1PC
 2 O BKK KE  654 E 28MAY 0015  OK ELEKS            20NOV 1PC
     ICN
Fare  F KRW      630100
TX001 X KRW     28000BPDP TX002 X KRW     23800TSLA
TOTAL   KRW      681900
GRAND TOTAL KRW      681900
SEL KE BKK Q58.00 223.02KE SEL Q58.00 223.02NUC562.04END
 ROE1120.972000

 11.FE NONENDS. RISS CHRG APPLY-KRW40000. RFND PNTY APPLY-KRW500
00. NO MILE UG.
 13.FV KE
```

④ DISC 금액, AUTH No, COMM, AUTH No, 지불수단 입력→1

```
TTN/D100000/T1
FTPAX*3AAAIININS
FMPAX0N
FPPAXCASH
TQN/T1

TST00001     SELK13919 6E/20DEC I 0          OD SELSEL SI
T-
FXP
   1.LEE/HAEREEMS
```

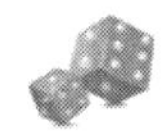

```
1   ICN KE  651 E 20MAY 1715  OK ELEKS          20NOV 1PC
2 O BKK KE  654 E 28MAY 0015  OK ELEKS          20NOV 1PC
   ICN
     P KRW    730100
     N KRW    630100                D/C   KRW   100000
Fare  F KRW   630100
TX001 X KRW   28000BPDP TX002 X KRW    23800TSLA
TOTAL   KRW    681900
GRAND TOTAL KRW    681900
SEL KE BKK Q58.00 223.02KE SEL Q58.00 223.02NUC562.04END
 ROE1120.972000

 11.FE NONENDS. RISS CHRG APPLY-KRW40000. RFND PNTY APPLY-KRW500
00. NO MILE UG.
 12.FM *M*0N
 13.FP CASH
 14.FT *3AAAIININS
 16.FV KE
```

⑤ 성인승객 발권지시

```
TTP/P1/RT
OK ETICKET

--- TST RLR ---
RP/SELK13919/SELK13919         6E/SU  20DEC13/0942Z   4K45FE
0925-0292
  1.LEE/HAEREEMS(INFKANG/MINKYUNGMISS/02NOV13)
  2  KE 651 E 20MAY 2 ICNBKK HK1         1715 2105    *1A/E*
  3  KE 654 E 28MAY 3 BKKICN HK1         0015 0720    *1A/E*
  4 AP BORAM TOUR
  5 TK OK20DEC/SELK13919
```

```
6 SSR INFT KE HK1 KANG/MINKYUNGMISS 02NOV13/S2
7 SSR INFT KE HK1 KANG/MINKYUNGMISS 02NOV13/S3
8. FA PAX 180-59050002576/ETKE/KRW681900/20APR13/SELK13UA3/173200004/S2-3
```

⑥ 유아 TST 확인 및 COMM입력 NON-END 기 입력

```
FPINFCCVI4444111122223333 /0120/N22223333
TQT/T2
TST00002 SELK13UA3   AA/25JUN IO      OD SELSEL SI
T- 〉
FXP
   1.KANG/MINKYUNGMISS(INF)
 1   ICN KE  651 E 20MAY 1715  NS ELEKS    IN90        20NOV 1PC
 2 O BKK KE  654 E 28MAY 0015  NS ELEKS    IN90        20NOV
1PC
     ICN
Fare  F KRW       50000
TOTAL   KRW       50000
GRAND TOTAL KRW        50000
SEL KE BKK22.30KE SEL22.30NUC44.60END ROE1120.972000

 10.FE NONENDS. RISS CHRG APPLY-KRW40000. RFND PNTY APPLY-KRW500
00. NO MILE UG.
14.FM*M*0
15.FV KE
```

⑦ 소아 지불수단 카드 번호 입력

```
FMINF0G
TQN/T2
TST00002 SELK13UA3   AA/25JUN IO      OD SELSEL SI
T- 〉
```

```
FXP
   1.KANG/MINKYUNGMISS(INF)
 1    ICN KE   651 E 20MAY 1715   NS ELEKS     IN90       20NOV 1PC
 2 O BKK KE   654 E 28MAY 0015   NS ELEKS     IN90       20NOV 1PC
     ICN
Fare  F KRW        50000
TOTAL    KRW        50000
GRAND TOTAL KRW        50000
SEL KE BKK22.30KE SEL22.30NUC44.60END ROE1120.972000

 10.FE  NONENDS.  RISS  CHRG  APPLY-KRW40000.  RFND  PNTY
APPLY-KRW500
00. NO MILE UG.
14.FM*M*0
16.FP CCVI4444111122223333 /0120/N22223333
19.FV KE
```

⑧ 유아 DOB : 기 입력된 FE 사항에 추가(예: 12//DOB 03NOVN13)

CONJ 항공권 번호 입력 :

- KE 경우(예 FSCONJ180-5950002567)
- KE 이외의 항공사 기입력된 FE 사항에 추가(예 12//125-5950002567)

```
12//DOB 02NOV13
FSCONJ180-5950002578
TQT/T2
TST00002 SELK13UA3  AA/25JUN IO      OD SELSEL SI
T- >
FXP
   1.KANG/MINKYUNGMISS(INF)
 1    ICN KE   651 E 20MAY 1715   NS ELEKS     IN90        20NOV 1PC
 2 O BKK KE   654 E 28MAY 0015   NS ELEKS      IN90         20NOV
```

```
1PC
    ICN
Fare  F KRW       50000
TOTAL    KRW       50000
GRAND TOTAL KRW       50000
SEL KE BKK22.30KE SEL22.30NUC44.60END ROE1120.972000
```

10.FE NONENDS. RISS CHRG APPLY-KRW40000. RFND PNTY APPLY-KRW500 00.NO MILE UG. DOB 03NOV13

```
14.FM*M*0
16.FP CCVI4444111122223333 /0120/N22223333
19.FV KE
```

⑨ 유아 발권지시

TTP/INF/RT

```
OK ETICKET

--- TST RLR ---
RP/SELK13919/SELK13919         6E/SU  20DEC13/0942Z   4K45FE
0925-0292
  1.LEE/HAEREEMS(INFKANG/MINKYUNGMISS/02NOV13)
  2  KE 651 E 20MAY 2 ICNBKK HK1          1715 2105    *1A/E*
  3  KE 654 E 28MAY 3 BKKICN HK1          0015 0720    *1A/E*
  4 AP BORAM TOUR
  5 TK OK20DEC/SELK13919
  6 SSR INFT KE HK1 KANG/MINKYUNGMISS 02NOV13/S2
  7 SSR INFT KE HK1 KANG/MINKYUNGMISS 02NOV13/S3
  8. FA PAX 180-59050002576/ETKE/KRW681900/20APR13/SELK13UA3/
173200004/S2-3
```

9. FA PAX 180-59050002000/ETKE/KRW50000/20APR13/SELK13UA3/ 173200004/S2-3

⑩ 항공권 이미지

```
TWD/L9 : 성인
TKT-18059500002678        RCI-         1A LOCZVNVB3
 OD-SELSEL  SI-  FCMI-1  POI-SEL  DOI-20APR  IOI-17320004
   1. LEE/HAEREEMS              ADT      ST  N
1 O ICNBKK   KE 651 E 15SEP 1740 OK O EKEKS
                                        15MAR 1PC
2 O BKKICN   KE 652 E 25SEP 2245 OK O EKEKS
                                        15MAR 1PC
Fare   N  KRW  608800       P KRW     708800
TOTALTAX KRW    54000
TOTAL    KRW   662800    KRW   762800
/FC SEL KE BKK Q50.00 275.76KE SEL Q50.00 275.76NUC651.52END
1087.884000
FE NONENDS. RISS CHRG APPLY-KRW40000. RFND PNTY APPLY-KRW50000.
NO MILE UG.
FP CASH
FT 3AAAIININS
NON-ENDORSABLE
FOR TAX/FEE DETAILS USE TWD/TAX
NET REPORTING IT/BT
TWD/L10 : 유아
TKT-18059500002580        RCI-         1A LOCZVNVB3
 OD-SELSEL  SI-  FCMI-1  POI-SEL  DOI-20APR  IOI-17320004
   1. KANG/MINKYUNGMISS              INF     ST  N
1 O ICNBKK   KE 651 E 15SEP 1740 NS O EKEKS/IN90
                                        15MAR 1PC
2 O BKKICN   KE 652 E 25SEP 2245 NS O EKEKS/IN90
                                        15MAR 1PC
Fare   N  KRW  60000
TOTAL   KRW    60000
TOTAL    KRW   662800    KRW   762800
/FC SEL KE BKK Q50.00 275.76KE SEL Q50.00 275.76NUC651.52END ROE
```

```
1087.884000
FE NONENDS. RISS CHRG APPLY-KRW40000. RFND PNTY APPLY-KRW50000.
NO MILE UG. DOB 03NOV13
FP CCVIXXXXXXXX5555/0419
NON-ENDORSABLE
CONJ 18059500002678
```

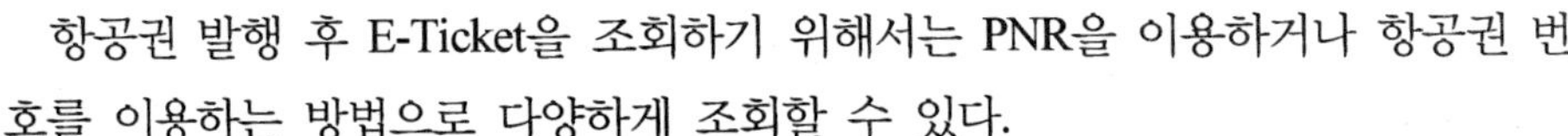

8. E-Ticket 이미지 조회

항공권 발행 후 E-Ticket을 조회하기 위해서는 PNR을 이용하거나 항공권 번호를 이용하는 방법으로 다양하게 조회할 수 있다.

	Entry	해 설
1	TWD	PNR에서 ET Record 조회(승객 1명인 경우)
2	TWD/L9	PNR에서 FA 항공권 Line 번호로 조회
3	TWD/TKT180-2300400500	TKT 번호로 ET Record 조회
4	TWD/VKE/TVL10SEPICNHKG-WON/BIN	발권항공사, 출발일, 구간, 승객명으로 조회
5	TWD/1	1번 List 로 조회
6	TWDRT	마지막 조회했던 ET Record 조회 처음 Image 조회 후 30분 이내만 가능

1) PNR 조회 후 TWD

```
 TWD
TKT-1805950124567              RCI              IA LOC-6F9QFJ
 OD-SELSEL  SI-     FQMI-1    DOI-11FEB13       IOI-17320003
   1.WON/BIN MR                ADT                  ST    N
 1 O ICNHKG    KE    603  M 10SEP   0820   OK  O  MLEEKR
                                                  10SEP 1PC
 2 O HKGICN    KE    604  M 30SEP   1205   OK  O  MLEEKR
                                                  10SEP 1PC
Fare      N KRW        473300      P KRW    773300
TOTALTAX KRW            45500
TOTAL       KRW        518800        KRW    818800
/FC   SEL   KE   HKG   Q44.00   232.72KE   SEL   Q44.00   Q4.25
282.72NUC657.69END
 ROE1175.686000
FE NON-ENDS
FP CCVIXXXXXXXX5555/0419
NON-ENDORSABLE
FOR TAX/FEE DETAILS USE TWD/TAX
NET REPORTING IT/BT
```

2) Coupon Status

첫 번째 단계		중간 단계		마지막 단계	
O	OPEN	A	Airport Control	F	Flown
		C	Checked In	V	Void
		L	Lifted/Boarded	R	Refunded
		I	Irregular Operations	E	Exchanged
		S	Suspended	P	Printed
		U	Unavailable	X	Printed Exchanged
				G	Convert to FIM

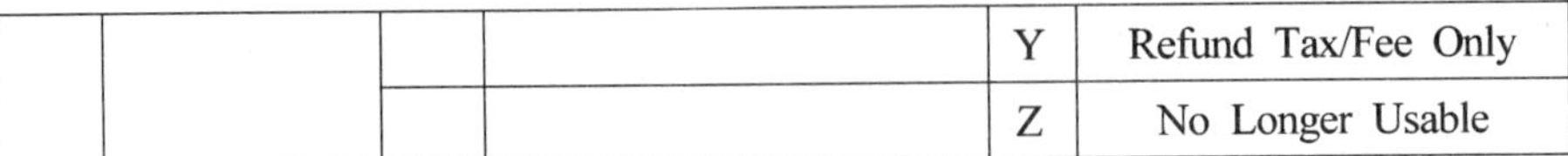

				Y	Refund Tax/Fee Only
				Z	No Longer Usable

해설 Coupon status를 통해 이티켓 쿠펀의 흐름을 파악할 수 있다.

3) 발권항공사 출발일 구간 승객명으로 조회

```
TWD/VBA/TVL15SEPCDGLHR-LEE

      TKT  NBR           NAME          DOT   FLT NBR    1ST  SEG
  1 125393061234         WON          15SEP   BA303      CDGLMR
  2 125393061235         WON          15SEP   BA303      CDGLMR
  3 125393061236         WON          15SEP   BA303      CDGLMR
```

```
TWD/1
TKT-1805950124567               RCI              IA LOC-6F9QFJ
 OD-SELSEL  SI-      FQMI-1    DOI-11FEB13      IOI-17320003
   1.WON/BIN  MR              ADT          ST     N
 1 O CDHLHR  BA   303  O 10SEP  0735  OK  A  QENCECDG  10SEP 1PC
 2 O LHRCDG  BA   306  Q 30SEP  0905  OK  O  QNCEUR    10SEP 1PC
Fare      F EUR        28.00
EQUIV       KRW         41500        BSR    1479.12
TOTALTAX KRW        197200
TOTAL        KRW        238700
/FC PAR BA LON3.12BA PAR31.20NUC34.32END ROE 0.801126
FE NON-ENDS/-ENCEUR2
FP CASH
NON-ENDORSABLE
FOR TAX/FEE DETAILS USE TWD/TAX
NET REPORTING IT/B
```

해설 승객의 예약화면 Coupon status에 "A"로 나타나 있는데 승객이 현재 공항에서 수속중이라는 표시이다.

Chapter 6

항공권 재발행 (Revalidation)

Chapter 6

항공권 재발행 (Revalidation)

1) Revalidation이란?

E-Ticket 발권 후 운임에 변화가 없는 단순한 날짜변경이나 편명변경시 항공권을 재발행하지 않고 변경된 PNR의 정보와 기존 발권 E-Ticket Data base를 일치 시키는 작업이다.

Booking CLS 및 구간이 같지 않은 경우 Revalidation은 원칙적으로 불가하며, 또한 항공사마다 부분적으로 허용 여부가 다르기에 재발행 시 해당항공사에 반드시 체크해야 한다.

2) Revalidation이 가능한 조건

1. 운임 변동이 없어야 하며 적용된 운임이 예약 변경을 허용해야 한다.
2. 출발 전 첫번째 쿠펀의 예약변경시 운임변동, 예약변경 유무와 관계없이 재발행한다.
3. 두번째 쿠펀부터의 변경은 최소/최대일 내에서 처리하면 된다.
4. 이름, 운임, 세금, 항공사가 일치해야 한다.
5. 여정이 같아야한다.
6. E-Ticket Coupon status는 O(Open for use) 또는 A(Airport control) 조건이다.
7. 재발행에 따른 페널티가 있는 경우 재발행함이 원칙이나 항공사에 따라 별도의 규정이 적용될 수 있다.

3) Revalidation의 작업 수행 절차

	절차	해 설
1	항공사 허용여부 조회	HE ETT KE • MS22(해당 Market에 맞는 국가 Reference 번호) • Revalidation : Y 확인
2	PNR조회 및 예약변경	RT
3	E-Ticket 이미지 확인	TWD
4	페널티 규정 확인	FQD운임 조회→FQN12//PE (FQN12: 12번 운임 규정, PE : 페널티 규정 도출)
5	재발행 진행	TTP/ETRV/S2/L12/E2 TTP/ETRV : 재발행 지시어 S2 : PNR SEG 2번 L12 : PNR의 FA Line 번호 12 E2 : E-Ticket Coupon

4) 실전 재발행

문제제시 1

승객 요청사항 : 복편 KE 구간의 여행일자를 3월 12일에서 20일로 변경

① 대한항공 한국(KR) Market에서 재발행 허용 여부 확인

```
>HEETTKE

                    KE E-TICKET          EN   19APR13 0141Z


MARKET                                             REFERENCE
------                                             ---------
```

```
JP ES FR IN NO SG SE TH GB IT NL SK IE NZ CH TW TR      MS22
AU BE DK MY PH CA CZ HK LU MH MP PW GU HU FM ID MO
AD GF GP MQ RE IS SC SI MX BR RU HR CY PT EG FI VN
MN QA OM BH AE UA PE MT CL BO KE KZ KG CO NG ZA LK
EE LT LV RO BG AR NP KR

DE AT                                               MS64
US                                                  MS106

                   KE E-TICKET           EN  19APR13 0141Z
KE ELIGIBILITY RULES FOR E-TICKETING IN THE FOLLOWING
MARKETS:
ES FR IN NO SG SE TH GB IT NL SK IE NZ CH TW TR
AU BE DK MY PH CA CZ HK LU MH MP PW GU HU FM ID MO
AD GF GP MQ RE IS SC SI MX KR

(Y - SUPPORTED, N - NOT SUPPORTED)
ABP ALLOWED               :N  FOID MANDATORY            :N
INF TICKET ALLOWED        :Y  MAX NUMBER OF PASSENGERS  :99
UMNR TICKET ALLOWED       :Y  GROUP PNRS ALLOWED        :Y
CONJUNCTION TKT ALLOWED   :Y  MAX NUMBER OF SEGMENTS    :16
FOPS NOT ALLOWED: NONE
EXCHANGES ALLOWED:            E-TKT TO E-TKT:Y
                              E-TKT TO PAPER:Y
                              PAPER TO E-TKT:N
DISPLAY :                     /ORG: Y      /TVL: Y
                              /FTI: Y      /FLT: Y
                              /FOP: Y      /RCI: Y
                              /TKT: Y      /FOID: N
HISTORY                   :N  REVALIDATION              :Y
PRINT                     :N  REFUND                    :Y
VOID                      :Y  VOID EXCHANGE/REISSUE     :N
CANCEL REFUND             :N
```

② PNR 조회

지시어

```
RT4GJV6B
```

응답화면

```
RT4GJV6B
--- TST RLR ---
RP/SELK13919/SELK13919        6E/SU    7DEC13/0006Z    4GJV6B
0961-1557
  1.LEE/YOORLEEMS
  2  KE 603 M 10MAR 1 ICNHKG HK1          0830 1120    *1A/E*
  3  KE 608 M 20MAR 4 HKGICN HK1       1  0055 0520    *1A/E*
  4 AP 02-520-1234 ILDEUNG TOUR
  5 AP SEL TBA - TOPAS USER ACCEPTANCE TESTS TICKETING - A
  6 TK OK07DEC/SELK13919
  7 RC SELK13UA3-W/FFO0
  8 RM THE TRIP IS INTERNATIONAL
  9 RM ENJOY YOUR TRIP IN TH
 10 FA 180-5930000593/ETKE/KRW708500/10DEC13/SELK13UA3/17320004/S2-3
 11 FB PAX 1800000536TTP/RT OK ETICKET/S2-3
 12 FP CASH
 13 FV PAX KE/S2-3
```

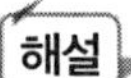

해설

- 재발행을 실행하기위해서는 PNR상 FA 혹은 FHE로 E-Ticket 번호가 기 입력되어 있어야 한다.
- E-Ticket 번호가 입력되어 있지 않은 경우는 E-Ticket 번호를 추가한 후 다음 작업을 진행하여야 한다.

③ 복편구간 변경

```
SB16MAR3
```

응답화면

```
--- TST RLR ---
RP/SELK13919/SELK13919          6E/SU   7DEC13/0006Z   4GJV6B
0961-1557
  1.LEE/YOORLEEMS
  2  KE 603 M 10MAR 1 ICNHKG HK1           0830 1120    *1A/E*
  3  KE 608 M 16MAR 4 HKGICN HK1       1   0055 0520    *1A/E*
  4 AP 02-520-1234 ILDEUNG TOUR
  5 AP SEL TBA - TOPAS USER ACCEPTANCE TESTS TICKETING -
A
  6 TK OK07DEC/SELK13919
  7 RC SELK13UA3-W/FFO0
  8 RM THE TRIP IS INTERNATIONAL
  9 RM ENJOY YOUR TRIP IN TH
 10 FA 180-5930000593/ETKE/KRW708500/10DEC13/SELK13UA3/
17320004/S2-3
```

해설 SB16MAR3 : 복편 날짜 변경

④ 항공권 이미지 사전 조회

```
TWD
```

```
TWD
```

```
TKT-1805930000593        RCI-                          1A LOC    4GJV6B
 OD-SELSEL       SI-       FCMI-0         POI-SEL      DOI-10DEC13
IOI-17320004
   1.LEE/YOOREMS                    ADT         ST N
 1 O ICNHKG   KE 603 M 10MAR    0830 OK O MLEEKR 10DEC 1PC
 2 O HKGICN   KE 608 M 20MAR    0055 OK O MLEEKR 10DEC 1PC
Fare      F KRW    663500
TOTALTAX KRW    45000
TOTAL    KRW     708500
/FC  SEL  KE  HKG  Q44.00  249.78KE  SEL  Q  44.00  Q4.25
249.78NUC591.81END    ROE1120.972000
 FP CASH
 NON-ENDORSABLE
 FOR TAX/FEE DETAILS USE TWD/TAX
```

해설 E-Ticket 이미지 조회 확인하였고, 현재 예약 정보와 E-Ticket Coupon2의 여행정보는 일치하지 않은 상태이다.

⑤ 페널티 조건 확인

지시어1-1

FQDSELHKG/D10MAR/AKE

응답화면

```
>FQDSELHKG/D10MAR/AKE

10MAR14**10MAR14/KE SELHKG/NSP;EH/TPM  1295/MPM  1554
LN Fare Basis    OW   KRW  RT    B PEN  DATES/DAYS   AP MIN MAX R
07 FRT                   1662800 F  -     -     -      -   -   -  M
08 COW          762700           C  -     -     -      -   -   -  M
```

16 MLOWKS	335000		M	+	S01MAR	31MAR	–	–		–	R
17 BLEKS		660000	B	+	S01MAR	31MAR	–	–		12M	R
18 MLEKS1		651600	M	+	S01MAR	31MAR	–	–		12M	M

지시어1-2

FQN18//PE

응답화면

```
>            A SEAT
         2.IN CASE OF CANCEL/NO-SHOW/REFUND FOR COMBINING
           B-E/M-E/H-E/E-E FareS MORE RESTRICTIVE RULE
           APPLY
 CHANGES
   ANY TIME
     CHANGES PERMITTED FOR REVALIDATION.
    CHARGE KRW 40000 FOR REISSUE.
       NOTE -
        1/ CHANGES ONLY PERMITTED TO BOOKING CLASS OF
           EQUIVALENT OR HIGHER HIERARCHY
```

해설 MLEKS1의 규정 조회결과 CHANGES PERMITTED FOR REVALIDATION을 볼 수 있다.

⑥ 재 발행

TTP/ETRV/S3/L10/E2

응답화면

```
TTP/ETRV/S3/L10/E2
 OK PROCESSED

RT4GJV6B
--- TST RLR ---
RP/SELK13919/SELK13919        6E/SU    7DEC13/0006Z    4GJV6B
0961-1557
  1.LEE/YOORLEEMS
  2  KE 603 M 10MAR 1 ICNHKG HK1          0830 1120    *1A/E*
  3  KE 608 M 15MAR 4 HKGICN HK1       1  0055 0520    *1A/E*
  4 AP 02-520-1234 ILDEUNG TOUR
  5 AP SEL TBA - TOPAS USER ACCEPTANCE TESTS TICKETING - A
  6 TK OK07DEC/SELK13919
12 FA 180-5930000593/ETKE/KRW708500/10DEC13/SELK13UA3/17320004/S2-3


TWD
TKT-1805930000593          RCI-                      1A LOC    4GJV6B
 OD-SELSEL   SI-  FCMI-0   POI-SEL  DOI-10DEC13  IOI-17320004
   1.LEE/YOOREMS                   ADT        ST N
 1 O ICNHKG   KE 603 M 10MAR   0830 OK O MLEEKR 10DEC 1PC
 2 O HKGICN   KE 608 M 15MAR   0055 OK O MLEEKR 10DEC 1PC
Fare     F KRW    663500
TOTALTAX KRW     45000
TOTAL    KRW     708500
/FC SEL KE HKG Q44.00 249.78KE SEL Q 44.00 Q4.25 249.78NUC591.81END
ROE1120.972000
 FP CASH
 NON-ENDORSABLE
 FOR TAX/FEE DETAILS USE TWD/TAX
```

해설
- TTP/ETRV : 재발행 기본 지시어
- /S3 : 예약번호상의 SEG 번호
- /L10 : 예약번호상의 FA항공권 번호
- /E2 : 이미지상의 예약번호
- PNR의 15MAR와 E-Ticket Coupon 2의 15MAR 정보 일치

승객 요청사항 : E-Ticket 번호 추가하여 재발행 절차

① 항공사 허용 여부 확인

지시어

HE ETT KE

응답화면

```
>HEETTKE

                    KE E-TICKET            EN  19APR13 0141Z

MARKET                                          REFERENCE
------                                          ---------

JP ES FR IN NO SG SE TH GB IT NL SK IE NZ CH TW TR    MS22
AU BE DK MY PH CA CZ HK LU MH MP PW GU HU FM ID MO
AD GF GP MQ RE IS SC SI MX BR RU HR CY PT EG FI VN
MN QA OM BH AE UA PE MT CL BO KE KZ KG CO NG ZA LK
EE LT LV RO BG AR NP KR

DE AT                                           MS64
US                                              MS106
```

```
                    KE E-TICKET            EN  19APR13 0141Z
KE ELIGIBILITY RULES FOR E-TICKETING IN THE FOLLOWING MARKETS:
ES FR IN NO SG SE TH GB IT NL SK IE NZ CH TW TR
AU BE DK MY PH CA CZ HK LU MH MP PW GU HU FM ID MO
AD GF GP MQ RE IS SC SI MX KR

(Y - SUPPORTED, N - NOT SUPPORTED)
ABP ALLOWED                :N  FOID MANDATORY              :N
INF TICKET ALLOWED         :Y  MAX NUMBER OF PASSENGERS    :99
UMNR TICKET ALLOWED        :Y  GROUP PNRS ALLOWED          :Y
CONJUNCTION TKT ALLOWED    :Y  MAX NUMBER OF SEGMENTS      :16
FOPS NOT ALLOWED: NONE
EXCHANGES ALLOWED:         E-TKT TO E-TKT:Y
                           E-TKT TO PAPER:Y
                           PAPER TO E-TKT:N
DISPLAY :                  /ORG: Y      /TVL: Y
                           /FTI: Y      /FLT: Y
                           /FOP: Y      /RCI: Y
                           /TKT: Y      /FOID: N
HISTORY                    :N  REVALIDATION                :Y
```

해설 HE ETT KE : 항공사 허용 여부 확인

② 해당 PNR 조회

RT4GJV6B

응답화면

RT4GJV6B
--- RLR ---

```
RP/SELK13919/SELK13919          6E/SU    7DEC13/0006Z    4GJV6B
0961-1557
  1.LEE/YOORLEEMS
  2  KE 608 M 20MAR 4 HKGICN HK1    1  0055 0520   KE/4GJV6B
```

해설 3월 20일 HKGICN 구간을 새로운 PNR로 생성하였고 현재 E-Ticket 가 Association 되어있지 않은 상태이다.

③ E-Ticket 번호로 이미지 불러오기

```
TWD/TKT180-59300000593
```

응답화면

```
TWD/TKT180-59300000593
TKT180-59300000593      RCI-                        1A LOC-4GJV6B
 OD-SELSEL    SI-    FCMI-0    POI-SEL   DOI-10DEC13   IOI-17320004
   1.LEE/YOOREMS                    ADT        ST N
 1 O ICNHKG   KE 603 M 10MAR    0830 OK O MLEEKR 10DEC 1PC
 2 O HKGICN   KE 608 M 15MAR    0055 OK O MLEEKR 10DEC 1PC
Fare      F KRW    663500
TOTALTAX KRW     45000
TOTAL    KRW      708500
/FC SEL KE HKG Q44.00 249.78KE SEL Q 44.00 Q4.25 249.78NUC591.81END
```

해설 E-Ticket 번호를 이용하여 해당 항공권 이미지 조회

④ PNR에 E-Ticket 번호 Association

지시어

TWD/TKT180-59300000593/C2/S3/P1

응답화면

```
TWD/TKT180-59300000593/C2/S3/P1
TICKET REVALIDATION/REISSUE IS RECOMMENDED
RP/SELK13UA3/SELK13UA3        6E/SU     7DEC13/0006Z    4GJV6B
0961-1557
 1.LEE/YOORLEEMS
 2  KE 608 M 20MAR 4 HKGICN HK1     1  0055 0520     KE/4GJV6B
 10  FHE  180-59300000593/C2/S3/P1
```

해설 PNR의 10번 라인에 E-Ticket 번호가 연결 되었고
TICKET REVALIDATION/REISSUE IS RECOMMENDED 상단에 표시됨

참고

E-Ticket번호 연결 응용Entry

	Entry	해설
1	FHE172-1234567890/C2/S3/P1	1번 승객에게 172-1234567890 항공권 쿠펀 2를 SEG3에 연결
2	FHEPAX172-1234567890/C2/S3/P1	1번 성인 승객에게 172-1234567890 항공권 쿠펀 2를 SEG3에 연결
3	FHEINF172-1234567890/C2/S3/P1	1번 유아 승객에게 172-1234567890 항공권 쿠펀 2를 SEG3에 연결
4	FHE172-1234567890-91/C4/S2-S3/P1	1번 승객에게 172-1234567890~91 항공권 쿠펀4-5를 SEG3에 연결

⑤ PNR에서 E-Ticket 이미지 확인

지시어

```
TWD
```

응답화면

```
TWD
TKT180-59300000593      RCI-                        1A LOC-4GJV6B
 OD-SELSEL  SI-  FCMI-0   POI-SEL  DOI-10DEC13  IOI-17320004
   1.LEE/YOOREMS                  ADT        ST N
 1 O ICNHKG   KE 603 M 10MAR    0830 OK O MLEEKR 10DEC 1PC
 2 O HKGICN   KE 608 M 15MAR    0055 OK O MLEEKR 10DEC 1PC
Fare      F KRW    663500
TOTALTAX KRW     45000
TOTAL    KRW     708500
/FC SEL KE HKG Q44.00 249.78KE SEL Q 44.00 Q4.25 249.78NUC591.81END
```

해설 E-Ticket 이미지 조회 하였고 현재 예약정보와 E-Ticket coupon2의 여정정보는 불일치 상태이다.

⑥ 페널티 조회

지시어1-1

```
FQDSELHKG/D10MAR/AKE
```

응답화면

```
10MAR14**10MAR14/KE SELHKG/NSP;EH/TPM  1295/MPM  1554
LN Fare Basis   OW  KRW  RT  B PEN  DATES/DAYS  AP MIN MAX R
07 FRT                 1662800 F  -      -      -     -  -  -  M
08 COW          762700          C  -      -      -     -  -  -  M
```

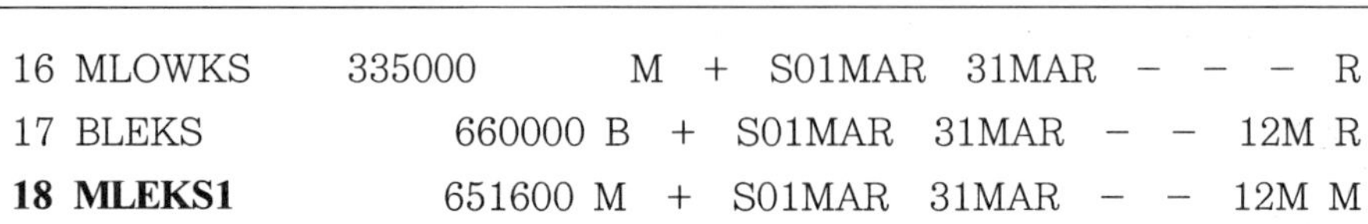

16 MLOWKS	335000	M	+	S01MAR	31MAR	-	-	-	R
17 BLEKS	660000	B	+	S01MAR	31MAR	-	-	12M	R
18 MLEKS1	651600	M	+	S01MAR	31MAR	-	-	12M	M

지시어1-2

FQN18//PE

응답화면

```
 A SEAT
    2.IN CASE OF CANCEL/NO-SHOW/REFUND FOR COMBINING
      B-E/M-E/H-E/E-E FareS MORE RESTRICTIVE RULE
      APPLY
CHANGES
  ANY TIME
    CHANGES PERMITTED FOR REVALIDATION.
    CHARGE KRW 40000 FOR REISSUE.
      NOTE -
       1/ CHANGES ONLY PERMITTED TO BOOKING CLASS OF
          EQUIVALENT OR HIGHER HIERARCHY
       2/ WHEN CHANGES MADE TO THE 1ST FLIGHT COUPON
          - NEW TICKET SHOULD BE ISSUED BASED ON THE
            IROE/FUEL SURCHARGE/Fare LEVEL/Fare RULES/
            TAXES/CURRENCY OF THE DATE WHEN TICKET
            BEING EXCHANGED
          - 1ST REISSUE DUE TO DATE/FLIGHT CHANGE
            INCLUDING THE 1ST COUPON IS FREE OF CHARGE
```

해설 별도의 추가 운임 지불없이 재발행 가능하다.

⑦ 재발행

지시어

TTP/ETRV/S2/L10/E2

응답화면

```
TTP/ETRV/S3/L10/E2
OK PROCESSED

RT4GJV6B
--- TST RLR ---
RP/SELK13919/SELK13919      6E/SU   7DEC13/0006Z   4GJV6B
0961-1557
  1.LEE/YOORLEEMS
  2  KE 603 M 10MAR 1 ICNHKG HK1          0830 1120   *1A/E*
  3  KE 608 M 15MAR 4 HKGICN HK1       1  0055 0520   *1A/E*
  4 AP 02-520-1234 ILDEUNG TOUR
  5 AP SEL TBA - TOPAS USER ACCEPTANCE TESTS TICKETING - A
  6 TK OK07DEC/SELK13919
12 FA 180-5930000593/ETKE/KRW708500/10DEC13/SELK13UA3/17320004/S2-3


TWD
TKT-1805930000593       RCI-                 1A LOC   4GJV6B
 OD-SELSEL  SI-  FCMI-0  POI-SEL  DOI-10DEC13  IOI-17320004
   1.LEE/YOOREMS               ADT      ST N
 1 O ICNHKG  KE 603 M 10MAR   0830 OK O MLEEKR 10DEC 1PC
 2 O HKGICN  KE 608 M 15MAR   0055 OK O MLEEKR 10DEC 1PC
Fare     F KRW    663500
TOTALTAX KRW     45000
TOTAL    KRW     708500
/FC  SEL  KE  HKG  Q44.00  249.78KE  SEL  Q  44.00  Q4.25
```

```
249.78NUC591.81END     ROE1120.972000
 FP CASH
 NON-ENDORSABLE
 FOR TAX/FEE DETAILS USE TWD/TAX
```

해설
- TTP/ETRV : 재발행 기본 지시어
- /S3 : 예약번호상의 SEG 번호
- /L10 : 예약번호상의 FA항공권 번호
- /E2 : 이미지상의 예약번호
- PNR의 15MAR와 E-Ticket Coupon 2의 15MAR 정보 일치

부록

항공운임 산출 이론 및 실기 예제

A. 항공운임산출 이론 예제
B. 항공운임 산출 실기 예제 : 기본 거리제도
C. 항공운임 산출 실기 예제 : HIP
D. 항공운임 산출 실기 예제 : CTM
E. 항공운임 산출 실기 예제 : ROUTING
F. 이티켓 발권 실기 예제

부록 항공운임 산출 이론 및 실기 예제

A. 항공운임산출 이론 예제

1. 다음 여정의 GI를 적으시오.

(1) SEL/MOW

(2) SEL/MOW/LED

(3) SEL/MOW/PAR

(4) SEL/LAX/JFK

(5) SEL/HKG

(6) HKG/LON

(7) SEL/LON

(8) SEL/HKG/LON

(9) SEL/JFK/LON

(10) SEL/LON/JFK

2. 다음 각 문제 중 SUB-AREA가 다른 하나를 고르시오?

(1) PAP WAS LAX YYC ( )

(2) PEK GUM TYO BKK ( )

(3) SYD AKL BNE SPN ( )

(4) KTM SKD LHE BOM ( )

(5) CAI JNB THR TLV ( )

3. 아래 여정을 보고 적용되는 운임의 방향과 및 운임의 종류를 선택하여 기록하시오(YY- Y CLS 기준).

(1)	(2)	(3)	(4)	(5)
SEL	SEL	SEL	SEL	SEL
TPE	TPE	TPE	TYO	TY0
	SEL	TYO	TPE	TPE
		SEL	SEL	HKG

(6) SEL	(7) SEL	(8) SEL	(9) SEL	(10) SEL
AMS	AMS	-TYO	PEK	-LON
×	×	PUS	×	BKK
FRA	FRA		SIN	SEL
SEL	TYO		SEL	

4. KE편으로 2월4일 서울에서 런던 왕복 운임 중 저렴한 운임부터 체크할 수 있는 Entry는?

5. FQD 운임 조회 후 12번 운임규정 중 Stopover Rule 만 조회하는 Entry는?

6. 아래 여정을 보고 Transfer와 Stopover 횟수를 적으시오.

(1) SEL		(2) SEL	
×/HKG		-LON	
PAR		PAR	
-LON		BKK	
SIN	S/O (　　)	TPE	S/O (　　)
SEL	T/F (　　)	SEL	T/F (　　)

B. 항공운임 산출 실기 예제 : 기본 거리제도

1. 아래 조건으로 각 왼쪽 여정에 대한 계산과정에 답하고 적용 운임을 NUC로 표기하시오.

조건 : 1년 Normal YY EY Fare

	여정	여정분석과 계산과정기재
문1	SEL ×/HKG PAR	① 여정의 종류 : ② GI : ③ 적용운임의 방향 : ④ 출발지와 최종목적지의 MPM과 적용운임 : ⑤ S/O는 발생 했는가 : ⑥ 출발지부터 목적지까지 실제 비행거리의 합 : ⑦ TPM 합과 MPM 비교결과 할증 있는가 : ⑧ HIP CHK 해야하는가 : ⑨ 최종 적용 NUC는:
문2	SEL ×/TPE PAR ×/BKK SEL	① 여정의 종류 : ② F/B 선택 : ③ GI : ㊤ ㊦ ④ 적용운임의 방향 : ㊤ ㊦ ⑤ S/O : ㊤ ㊦ ⑥ 출발지부터 목적지까지의 TPM의 합 : ㊤ ㊦ ⑦ TPM 합과 MPM 비교결과 할증 있는가 : ㊤ ㊦ ⑧ HIP CHK 해야 하는가 : ⑨ 최종 적용 NUC는:

C. 항공운임 산출 실기 예제 : HIP

1. 아래 조건으로 각 왼쪽 여정에 대한 계산과정에 답하고 적용 운임을 NUC로 표기하시오.

조건 : 1년 Normal YY EY Fare

	여정	여정분석과 계산과정기재
문1	SEL HKG PAR	① 여정의 종류 : ② GI : ③ 적용운임의 방향 : ④ 출발지와 최종목적지의 MPM과 적용운임 : ⑤ S/O는 발생 했는가 : ⑥ 출발지부터 목적지까지 실제 비행거리의 합 : ⑦ TPM 합과 MPM 비교결과 EMS 있는가 : ⑧ HIP CHK 해야 하는가 : ⑨ HIP 체크 구간은 : ⑨ 최종 적용 NUC는:
문2	SEL ×/SIN PAR FRA	① 여정의 종류 : ② F/B 선택 : ③ GI : ㊤ ㊦ ④ 적용운임의 방향 : ㊤ ㊦ ⑤ S/O : ㊤ ㊦ ⑥ 출발지부터 목적지까지의 TPM의 합 : ㊤ ㊦ ⑦ TPM 합과 MPM 비교결과 EMS는 있는가 : ㊤ ㊦ ⑧ HIP CHK 해야 하는가 : ⑨ 최종 적용 NUC는 :

	여정	여정분석과 계산과정기재
문3	SEL - BKK SGN SEL	① 여정의 종류 : ② F/B 선택 : ③ GI : ㊤ ㊦ ④ 적용운임의 방향 : ㊤ ㊦ ⑤ S/O : ㊤ ㊦ ⑥ 출발지부터 목적지까지의 TPM의 합 : ㊤ ㊦ ⑦ TPM 합과 MPM 비교결과 EMS는 있는가 : ㊤ ㊦ ⑧ HIP CHK 해야 하는가 : ㊤ ㊦ ⑨ RT, CT 중 어느 형태인가 : ⑩ 최종 적용 NUC는:
문4	SEL FRA - MAN PAR SEL	① 여정의 종류 : ② F/B 선택 : ③ GI : ㊤ ㊦ ④ 적용운임의 방향 : ㊤ ㊦ ⑤ S/O : ㊤ ㊦ ⑥ 출발지부터 목적지까지의 TPM의 합 : ㊤ ㊦ ⑦ TPM 합과 MPM 비교결과 EMS는 있는가 : ㊤ ㊦ ⑧ HIP CHK 해야 하는가 : ㊤ ㊦ ⑨ RT, CT 중 어느 형태인가 : ⑩ 최종 적용 NUC는:

D. 항공운임 산출 실기 예제 : CTM

1. 아래 조건으로 각 왼쪽 여정에 대한 계산과정에 답하고 적용 운임을 NUC로 표기하시오. 조건 : 1년 Normal YY EY Fare

	여정	여정분석과 계산과정기재
문1	SEL SYD - BNE SEL	① 여정의 종류 : ② F/B 선택 : ③ GI : ㊤ ㊦ ④ 적용운임의 방향 : ㊤ ㊦ ⑤ S/O : ㊤ ㊦ ⑥ 출발지부터 목적지까지의 TPM의 합 : ㊤ ㊦ ⑦ TPM 합과 MPM 비교결과 EMS는 있는가 : ㊤ ㊦ ⑧ HIP CHK 해야 하는가 : ㊤ ㊦ ⑨ RT, CT 중 어느 형태인가 : ⑩ 최종 적용 NUC는:
문2	SEL ×/BKK DAC KTM SEL	① 여정의 종류 : ② F/B 선택 : ③ GI : ㊤ ㊦ ④ 적용운임의 방향 : ㊤ ㊦ ⑤ S/O : ㊤ ㊦ ⑥ 출발지부터 목적지까지의 TPM의 합 : ㊤ ㊦ ⑦ TPM 합과 MPM 비교결과 EMS는 있는가 : ㊤ ㊦ ⑧ HIP CHK 해야 하는가 : ㊤ ㊦ ⑨ RT, CT 중 어느 형태인가 : ⑩ 최종 적용 NUC는:

	여정	여정분석과 계산과정기재
문3	SEL FRA MAN - PAR SEL	① 여정의 종류 : ② F/B 선택 : ③ GI : ㊤ ㊦ ④ 적용운임의 방향 : ㊤ ㊦ ⑤ S/O : ㊤ ㊦ ⑥ 출발지부터 목적지까지의 TPM의 합 : ㊤ ㊦ ⑦ TPM 합과 MPM 비교결과 EMS는 있는가 : ㊤ ㊦ ⑧ HIP CHK 해야 하는가 : ㊤ ㊦ ⑨ RT, CT 중 어느 형태인가 : ⑩ 최종 적용 NUC는:
문4	SEL ×/MOW - PAR ATH FRA SEL	① 여정의 종류 : ② F/B 선택 : ③ GI : ㊤ ㊦ ④ 적용운임의 방향 : ㊤ ㊦ ⑤ S/O : ㊤ ㊦ ⑥ 출발지부터 목적지까지의 TPM의 합 : ㊤ ㊦ ⑦ TPM 합과 MPM 비교결과 EMS는 있는가 : ㊤ ㊦ ⑧ HIP CHK 해야 하는가 : ㊤ ㊦ ⑨ RT, CT 중 어느 형태인가 : ⑩ 최종 적용 NUC는 :

E. 항공운임 산출 실기 예제 : Routing

1. 아래 그림 왼쪽 여정에 대한 적용 운임을 FQP Entry를 이용하여 산출하고 각 항공사의 BKG Code를 오른쪽 빈칸에 적으시오(NUC로 표기).

조건 : 1개월 유효, KE EY Fare

(문1)

SEL		
HKG	KE	
-DPS	CX	
JKT	GA	
SEL	KE	
	NUC	

(문2)

SEL		
ATL	KE	
-MIA	DL	
ORD	AA	
SEL	KE	
	NUC	

(문3)

SEL		
BOM	KE	
BLR	9W	
///	//	
CMB		
SEL	KE	
	NUC	

(문4)

SEL		
SYD	KE	
-CNS	DL	
///	AA	
-MEL		
NAN	FJ	
SEL	KE	
	NUC	

(문5)

SEL		
PAR	KE	
-ROM	AF	
MAD	AZ	
SEL	KE	
	NUC	

(문6)

SEL		
RUH	KE	
-AMM	SV	
///	//	
CAI		
SEL	KE	
	NUC	

F. 이티켓 발권 실기 예제

1. 다음 조건에 따라 PNR을 완성한 후 이티켓 발권하시오.

(1) PNR 작성

1. 승객명 : 본인, KIM/JUNGJIN MR
2. 여 정 : 9월 10일 SEL KUL KE671 Y/CLS
   9월 20일 KUL SEL KE672 Y/CLS
3. AP02-123-4567;APM-010-1234-5678;ER
   예약번호 :

(2) 발권 조건

- DICS AMT : 각 승객 KRW100,000
- NO COMM
- AUTH NBR : 3SDQIININC

• 지불수단
→ 본인 : 현금 지불
→ KIM/JUNGJIN MR ; 30만원 카드 지불 나머지는 현금, 승인번호 87654321
지불카드번호 및 유효기간 : VI4444333322221111, 2016년 5월, 일시불

(3) 이티켓 발권 진행

지시어 입력	본인	KIM/JUNGJIN MR
TST 생성	FXP↵ RFP↵ ER↵ (↵ 표시는 Enter Key) FXT2/P1-2 (운임이 여러개 제시된 경우)	
TST 확인	TQT. 만약 운임이 여러개 제시된 경우 FXT2P1-2)	
FM	FM0G 또는 FM0M	
DICS ATM 입력	TTN/D100000↵ TQN으로 입력된 할인 금액 확인	
AUTH NBR 입력	FT*3SDQIININC	
FP	FPCASH/P1	FPCASH+CCVI4444333322221111/0516*E00/N87654321/KRW300000/P2
발권지시	TTP/RT	

2. 다음 조건에 따라 PNR을 완성한 후 이티켓 발권하시오.

(1) PNR 작성

1. 승객명 : 본인, YOO/JIIN (MISS, DOB 10APR12)
2. 여 정 : 4월 20일 SEL PAR AF267 Y/CLS
4월 28일 PAR SEL AF264 Y/CLS
3. AP02-123-4567;APM-010-1234-5678;RFP;TKOK;ER
예약번호 :

(2) 발권 조건

• DICS AMT : 성인 KRW300,000, 소아 KRW200,000
• 5% NET COMM
• AUTH NBR : 3SDQIININS
• 지불수단
→ 본인 : 현금 지불
→ YOO/JIIN MISS : 전액카드, 승인번호 88887777
지불카드번호 및 유효기간 : VI4444333322221111, 2025년 8월, 3개월 할부

(3) 이티켓 발권 진행

지시어 입력	본인	KIM/JUNGJIN MR
TST 생성	FXP↵ ER↵ FXT5/P1//6/P (운임이 여러개 제시된 경우)	
TST 확인	TQT/T1	TQN/T1
FM	FM5N	
DICS ATM 입력	TTN/D100000/T1 ↵ TQN/T1	TTN/D70000/T2↵ TQN/T2
AUTH NBR 입력	FT*3SDQIININC	
FP	FPCASH/P1	FPCASH+CCVI4444333322221111/0825*E03/N888877777/P2
CONJ 번호입력		13//DOB10APR15/CONJ180-5950002835/P2
발권지시	TTP/T1/RT TTP/P1/RT	TTP/T2/RT TTP/P2/RT

3. 다음 조건에 따라 PNR을 완성한 후 이티켓 발권하시오.

(1) PNR 작성

1. 승객명 : 본인, YOO/MANSE (MSTR, DOB 10APR17)
2. 여 정 : 6월 10일 SEL BKK TG659 M/CLS
   6월 15일 BKK SEL TG692 M/CLS
3. AP02-123-4567;APM-010-1234-5678;ER

예약번호 :

(2) 발권 조건

- DICS AMT : 성인 KRW300,000,
- NO COMM
- AUTH NBR : 3SDQIININS
- 지불수단

→ 본인 : 전액현금

→ YOO/MAMSE MSTR : 전액카드, 승인번호 88887777

지불카드번호 및 유효기간 : VI4444333322221111, 2025년 8월, 3개월 할부

(3) 이티켓 발권 진행

지시어 입력	본인	유아
TST 생성	FXP↵ ER↵ FXT5/P1//6/P (운임이 여러개 제시된 경우)	
TST 확인	TQT/T1	TQN/T1
FM	FM0G	FM0G
DICS 입력	TTN/D100000/T1	NIL
AUTH 입력	FT*3SDQIININC	
FP	FPCASH/P1	FPCASH+CCVI4444333322221111 /0825*E03/N888877777/P2
CONJ 번호입력		13//DOB10APR17/CONJ180-5950 002835/P2
발권지시	TTP/T1/RT TTP/P1/RT	TTP/INF/RT

4. 다음 조건에 따라 PNR을 완성한 후 이티켓 발권하시오.

(1) PNR 작성

1. 승객명 : 본인, YOO/JIIN (MISS, DOB 10APR14),
   YOO/MANSE (MSTR, DOB 20MAY17)
2. 여 정 : 6월 10일 SEL LON BA Y/CLS
   6월 15일 LON SEL BA Y/CLS
3. AP02-123-4567;APM-010-1234-5678;ER

예약번호 :

(2) 발권 조건

- NO DICS
- 7% COM
- AUTH NBR : NIL
- 지불수단
  - → 본인 : 현금지불,
  - → YOO/JIIN MISS : 전액카드, 일시불
  - → 유아 : 전액 현금
  - → 카드번호 및 유효기간 : VI4444333322221111, 2025년 8월
  - → 카드 승인번호 : 22223333

(3) 이티켓 발권 진행

<table>
<tr><th>지시어 입력</th><th>본인</th><th>소아</th><th>유아</th></tr>
<tr><td>TST 생성</td><td colspan="3">FXP↵ ER↵
FXT4/P1//6/P1//5/P2 (운임이 여러 개 제시된 경우)</td></tr>
<tr><td>TST 확인</td><td>TQT/T1</td><td colspan="2">TQN/T1</td></tr>
<tr><td>FM</td><td colspan="3">FM7G (NO DISC로 Gross COMM 입력)</td></tr>
<tr><td>DICS 입력</td><td>NIL</td><td colspan="2">NIL</td></tr>
<tr><td>AUTH 입력</td><td colspan="3">NIL</td></tr>
</table>

<table>
<tr><td>FP</td><td>FPCASH/P1</td><td>제시된 카드</td><td>FPINFCASH/P1</td></tr>
<tr><td>CONJ 번호입력</td><td></td><td colspan="2">13//DOB10APR14/CONJ180-5950
002835/P2
14//DOB20JUN17/CONJ180-5950
002835/P</td></tr>
<tr><td>TST확인
(할인금액 확인)</td><td>TQN/T1</td><td>TQN/T2</td><td>TQN/T3</td></tr>
<tr><td rowspan="2">발권지시</td><td rowspan="2">TTP/T1/RT 또는
TTP/P1/RT</td><td>TTP/P2/RT</td><td>TTP/INF/RT</td></tr>
<tr><td colspan="2">TTP/T2-3/RT (유, 소아 함께 발권)</td></tr>
</table>

참고문헌

➡ 참고 문헌

1. 아시아나 에바커스정보(주), 발권실무, 2014.
2. 토파스 여행정보(주), 발권실무, 2014.
3. IATA Ticketing Handbook, 2009.
4. Passenger Fare Construction Handbook, 2003.
5. 이형섭, 알기쉬운 항공발권 2009.

➡ 참고 자료

1. http://www.galileo.co.kr
2. http://www.topas.net
3. http://www.travelportal.co.kr
4. http://www.worldspan.co.kr

저 자 약 력

■ 이형섭

경희사이버대학교 호텔관광대학원 석사 졸업
토파스 여행정보(주) 우수강사 선정(2012.7)
전) NWA항공 김포공항 발권 팀장
전) 장안대학교 관광외국어 계열 강사
현) 백석문화대학교 관광학부 강사
현) 백석예술대학교 관광학부 강사
현) 중앙투어 컨설팅 대표

[저서 및 논문]

- The TOPAS CRS, 도서출판 두남 (공저)
- 알기쉬운 항공발권, 도서출판 두남 (이형섭)
- 2013 경희 관광레저항공 논집 : "自然觀光對象 認識의 唯識學的 意味考察"

국제항공발권실무 – 개정판

초 판 1쇄 발행 —— 2014년 3월 5일
개정판 1쇄 발행 —— 2015년 2월 25일
개정판 2쇄 발행 —— 2016년 2월 10일
개정판 3쇄 발행 —— 2018년 2월 28일
지은이 —— 이 형 섭
펴낸이 —— 전 두 표
펴낸곳 —— 도서출판 두남
서울시 강동구 성내로6길 34-16 두남빌딩
신 고 : 제25100-1988-9호
TEL : 02) 478-2065~7, 2311
FAX : 02) 478-2068
E-mail : dunam1@unitel.co.kr
http://www.dunam.co.kr

정가 16,000원

ISBN 978-89-6414-585-2 13560